インターネット時代の
広告の機能・効果と展開

高橋秀雄［著］

中央経済社

はしがき

　本書で取り扱うのは広告であるが，インターネットという広告媒体の登場により，この広告を取り巻く環境には様々な変化が生じてきた。こうしたなかで，広告の概念的把握の仕方が旧態依然のままとなっている。そうしたところから，**第1章**では，従来からなされてきた広告の概念的把握に関する議論の再検討を行う。そこでは，広告の定義についてなされてきた議論を再検討したうえで，その定義の見直しを提起する。

　第2章では，広告の機能や効果についてなされてきた議論には若干の混乱がみられるので，その議論についての再整理を行う。特に，そのなかでは，有形製品を取り扱っている製造業者の広告を念頭に置いた場合には，AIDMAモデルではなくて，AIDAモデルや効果のハイアラーキー・モデル，情報処理モデル，イノベーション採用モデル等の複数のモデルの使い分けにより広告の機能や効果を説明すべきであることを提起する。

　第3章では，広告が，企業や製品のポジショニングをするうえで果たす役割について検討するとともに，サービス企業やサービス製品に対してそれを適用するさいの問題点等についても検討する。

　第4章では，近年そのウェイトが高まってきているインターネット広告とその展開から生ずる問題点について検討する。

　第5章では，無形のサービス製品を取り扱うサービス業一般の広告の展開の仕方が，製造業者の広告の展開の仕方と比較して，どのような点で異なるのかについて検討することにする。

　こうした検討を踏まえて，**第6章**では特に，このサービス業のなかに含まれる旅行業者の広告展開について検討する。

　第7章では，営利を目的とせず，非営利サービスを取り扱う非営利組織（NPO，NGO，広義の非営利組織）が，どのようにして広告を展開するべきなのかを検討することにする。

以上のような検討を行うことにより，そもそも広告はどのようなものであるのか，どのような役割や効果を期待して企業や機関が広告を展開するのかを明らかにすることにする。そして，通常，広告についての議論がなされるさいに，主として製造業者を念頭に置いた議論がなされており，無形のサービス製品（ないしサービス財）を取り扱うサービス企業や非営利組織の広告についての議論がなされていないので，サービス業や非営利組織がどのようにして広告を展開すべきなのかについても明らかにすることにする。

　本書の構成は以上のとおりであるが，いささかなりとも本書が広告研究に寄与すれば幸いである。

　本書の上梓にあたって，平素から御世話になっている中京大学総合政策学部の先生方や中央経済社の方々には感謝申し上げる次第である。

　2016年11月30日

高橋秀雄

目　次

はしがき　i

第1章　広告とは何か────────────────1

第1節　はじめに／1

第2節　広告の定義／2

第3節　広告の目的／8

　　1　主要な広告目的／8

　　2　その他の広告目的／11

第4節　広告の種類／15

第5節　統合マーケティング・コミュニケーションについて／18

第6節　おわりに／20

第2章　広告表現と広告の機能・効果────────27

第1節　はじめに／27

第2節　広告媒体と広告表現の仕方について／28

第3節　広告の機能や効果を説明するモデルの検討／31

　　1　広告の機能や効果を説明する心理学的アプローチとモデル／32

　　2　伝統的なハイアラーキー・モデルと効果のハイアラーキー・モデル／34

　　3　効果のハイアラーキー・モデルの問題点と限界／39

第4節　インターネット時代における広告の機能や効果の議論／43

第5節　広告の機能や効果を説明するモデルの
　　　　　　使い分けの必要性／47
　　　第6節　おわりに／49

第3章　広告戦略としてのポジショニング────57
　　　第1節　はじめに／57
　　　第2節　ポジショニングとは何か／58
　　　第3節　ポジショニングの意義／61
　　　第4節　Ries and Trout (1986) のポジショニング
　　　　　　に関する議論／64
　　　第5節　Ries and Trout (1986) のポジショニング
　　　　　　に関する議論の意義と問題点／66
　　　　　1　Ries and Trout (1986) のポジショニング
　　　　　　に関する議論の意義／66
　　　　　2　Ries and Trout (1986) のポジショニング
　　　　　　に関する議論の問題点／67
　　　第6節　おわりに／73

第4章　インターネット広告の展開とその問題────81
　　　第1節　はじめに／81
　　　第2節　インターネット広告の特徴と種類／82
　　　　　1　インターネットとは何か／82
　　　　　2　インターネット広告の特徴やメリット／83
　　　　　3　インターネット広告の到達範囲，露出頻度，
　　　　　　影響／88
　　　　　4　インターネット広告の種類／89
　　　第3節　インターネット広告とクロスメディア／90
　　　第4節　インターネット広告を展開するさいの
　　　　　　問題点／91

第5節　インターネットが広告や広告業界に与えた
　　　　　　影響／96
　　　第6節　おわりに／98

第5章　サービス製品の広告展開——————————105
　　　第1節　はじめに／105
　　　第2節　サービス製品の特質に見合った広告展開の
　　　　　　必要性／105
　　　第3節　主として有形製品の広告を念頭に置いた
　　　　　　議論／107
　　　第4節　主として有形製品を念頭に置いている広告の
　　　　　　議論のサービス製品の広告に対する妥当
　　　　　　性／111
　　　第5節　サービス製品の広告をどのように展開すべ
　　　　　　きか／114
　　　　　1　サービス企業の広告目標／114
　　　　　2　サービス製品の広告展開の仕方／116
　　　第6節　おわりに／121

第6章　旅行業者の広告展開——————————127
　　　第1節　はじめに／127
　　　第2節　旅行サービス製品の特質と広告／129
　　　第3節　広告に関する意思決定過程／131
　　　　　1　広告に関する意思決定過程／131
　　　　　2　広告目標の設定／132
　　　　　3　広告予算に関する意思決定／135
　　　　　4　広告メッセージに関する意思決定／137
　　　　　5　広告媒体に関する意思決定／140

　　　　　　6　広告キャンペーンの評価（広告効果の評価）／142
　第4節　広告等が消費者の購買意思決定過程に及ぼす
　　　　　影響／143
　第5節　旅行業者の広告に対する規制／144
　第6節　おわりに／145

第7章　非営利組織の広告展開 ──────153
　第1節　はじめに／153
　第2節　非営利組織とは何か／154
　第3節　非営利組織の広告活動展開の必要性／156
　第4節　非営利組織のコミュニケーション活動／158
　第5節　非営利組織の広告目標／161
　第6節　非営利組織の広告の種類／163
　第7節　非営利組織の広告が向けられる訴求対象の
　　　　　確定／164
　第8節　非営利組織の広告活動をどのようにして
　　　　　展開するのか／167
　第9節　おわりに／170

第1章

広告とは何か

第1節　はじめに

　広告という言葉はよく耳にするが，それはどのようなものとして定義されているのであろうか。この点をまず明確にしておかないと，本書で取り扱う議論の焦点が定まらないことになる。そうしたところから，ここでは，そもそも広告とはどのように定義されるのかについてみていくことにする。この広告の定義については，これまでに様々な論者によってなされてきた定義を検討することにより，広告の定義の在り方を探っていくことにする。

　広告の定義について検討してから，次に，どのような目的により広告活動は展開されるのか，広告にはどのような種類があるのか，統合的に展開されるマーケティング・コミュニケーション活動のなかで広告がどのように位置づけられるのか，といったことについて検討していくことにする。

　まず，広告の定義については，様々な広告論の論者が，どのような定義を行っているのかを紹介し検討することにする。そのなかで，これまで広告が広告会社や広告媒体を提供する企業等に対価を支払って行う有料のものと定義されてきたが，それは妥当なことなのかを検討する。広告の展開の仕方や広告を取り巻く技術的環境が変化し，製品を取り扱う企業が自ら保有するメディアにより事実上の広告を行うようになったり，広告とパブリシティ，広報等との境界が曖昧になってきているところから，広告を有料のものだけに限定する定義の仕方は，その妥当性がなくなってきているとみられる。

次に，広告目的には，製品情報の提供，有形製品やサービス製品の購入意思決定過程への働きかけ，それらの購入への説得，といったもの以外に，実に様々なものがあることを示す。

また，広告の種類はどのように分類されるのか，それにはどのようなものがあるのかを検討する。様々な論者により，広告の種類として実に様々なものが挙げられているが，ここでは簡単に分類したうえで，おおざっぱにその種類を示すことにする。

最後に，統合マーケティング・コミュニケーションが重視されるなかでの，その広告との関連性について検討するとともに，統合マーケティング・コミュニケーション活動の実施上の問題点について検討する。

これらの検討を通じて，広告とはそもそもどのようなものなのかをみていくことにする。

第2節　広告の定義

広告は，これまでにどのようなものとして概念的に捉えられてきたのであろうか。また，それは本来どのようなものとして捉えられるべきものなのであろうか。この点について，様々な論者が広告をどのように定義し，どのようなものとして捉えているのかをみてみることにより検討する。

J.T. Russel and W.R. Lane（1996）は，「広告は，身元が明らかなスポンサーがその対価を支払い，あるマスコミュニケーション媒体を通じて伝達されるメッセージである」としている[1]。

G. Armstrong and P. Kotler（2003）は，広告は，「身元が明らかなスポンサーによるアイデア，財あるいはサービスの非人格的提示や販売促進の有料の形態」であるとしている[2]。

G.E. Belch and M.A. Belch（2009）は，「広告は，身元が明らかなスポンサーによる，組織，製品，サービス，あるいはアイデアについての非人格的コミュニケーションのいずれかの有料形態」であるとしている[3]。

G. W. Marshall and M. W. Johnston（2011）は，広告は，「しばしばマスメディアを通ずる，1つあるいはそれ以上の標的市場への比較的あまり人格的でないマーケティング・コミュニケーションの有料形態」であるとしている[4]。

　これらの広告の定義は，基本的に同じものであり，広告の定義としてはごく一般的なものである。これら以外の広告の定義には，以下のようなものもある。

　W. Fletcher（2010）は，「広告は，一人あるいは多くの人々に，情報を提供するとともに説得すること，あるいは情報提供をすること，説得することのいずれかを意図する有料のコミュニケーションである」としている[5]。この定義には，人間同士のフェイストゥフェイスの人格的なコミュニケーションではないという意味での，テレビ，ラジオ，新聞，雑誌，インターネット等の広告媒体による非人格的提示ないし非人格的コミュニケーションが入ってはいない。

　L. Percy and R. H. Rosenbaum-Elliot（2012）は，広告は，「好意的な印象（いわゆる好意的なブランド態度）に影響を与えることを意図して情報を提供することにより，広告される製品やサービスに，潜在的な顧客を向けさせる間接的な手段」であるとしている[6]。この定義は，広告のなかで有形製品やサービス製品を告知することにより，それらのブランド・イメージの形成をしたり，それらの購入を促したりすることに焦点を当てたものであり，広告が本来的に目的とするところを率直に表したものである。

　わが国の論者の広告の定義をみてみると，以下のように，広告は有料でなされるコミュニケーション活動としている点が共通している。

　八巻俊雄・梶山　皓（1995）は，広告を「有料で媒体を使用したコミュニケーション活動」であるとしている[7]。

　井徳正吾編著（2005）は，「広告とは商業行為であり，企業や団体が，商品やサービスや企業活動を不特定多数の人に有料で伝えるコミュニケーション活動」であるとしている[8]。

　以上のような様々な論者による広告の定義をみてみると，Percy and Rosenbaum-Elliot（2012）以外の定義は，あまり相違はないことに気がつく。これらの広告の定義には，いくつかの共通点がみられる。つまり，①広告は有

料のものであること，②身元が明らかな広告のスポンサーがあること，③広告メッセージの伝達が非人格的なコミュニケーションによるものであることである。つまり，広告は，身元が明らかな特定のスポンサー（広告主）が，広告会社等に対価を支払って，テレビ，ラジオ，新聞，雑誌，インターネット等の非人格的な広告媒体の利用により，企業，組織，機関，有形製品，サービス製品，アイデア等に関する情報・メッセージを伝達するためのコミュニケーションとされていることが分かるのである。

　また，井徳編著（2005）のように，広告が商業行為であると定義することがあるが，欧米の論者の定義には，特に広告は商業的な行為であると規定されておらず，広告の要件として，有料，身元が明らかなスポンサー，非人格的コミュニケーション，といったものが挙げられているだけである。ここでは，欧米の論者のように広告を特に商業的な営利活動に限定せずに幅広く捉え，広告は営利活動，非営利活動のいずれであるかを問わず展開されるものと考える。

　ところで，広告の定義のなかで，欧米の論者，日本の論者を問わず，「有料」というキーワードが用いられていることが多いが，この有料というキーワードに関しては，妥当性があるのかどうか疑問がある。インターネットの商業利用がさほど進展していなかった1990年代半ば頃はともかくとして，今日のようなインターネットの商業利用がかなり進展するなかで，例えば，企業が自社のウェブページにより，自社それ自体やその有形製品やサービス製品等に関する様々な情報やメッセージの伝達・告知ができるということをどのように把握し理解したらよいのかについて検討してみる必要があるであろう。このような事柄を，単なる広報と位置づけてしまうことは簡単であるが，事実上広告として機能しているのである。最近では，広告と広報との境界線が，かなり曖昧になってきており，企業や組織の活動成果の報告，社会貢献活動への取り組み等の周知ではなく，PR（パブリック・リレーションズ）という名の下に事実上の製品の広告を行っているものがみられるようになってきているのである。

　こうした点について，さらに検討すると，例えば，製造業者のなかには，自社のネット販売サイトのなかで，自社製品を事実上広告・案内するとともにイ

ンターネットで注文を受け付けて販売しているところがあるし，そうではなくても自社製品のブランドサイトを通じて，事実上自社製品の広告・案内をしているところがあるのである。つまり，インターネット販売していなくても，そもそも自社サイトを活用して事実上の広告を掲載することができるのであり，必ずしも他社が保有する広告媒体のみを利用する必要はないのである。さらに，NPOをみてみると，自らが開設しているウェブページが事実上広告媒体として機能していることがある。もちろん，NPOでも有料で広告媒体を購入することにより広告を行うことがある。ただし，NPOが他者の広告媒体を利用するさいに，場合によっては無料で広告スペースの提供を受けることがある。NPOが広告を行うさいに，必ずしも有料で広告を行っているわけではない。

　広告が，特定のスポンサーが広告会社等に対価を支払って展開する有料のものだけであるという見解は，広告媒体を自社所有することが困難であった時代の名残といってもいいかもしれない。さらに現在は，個人でもチラシ広告等の簡単な広告を制作するためのソフトを入手することができる時代である。要するに，簡単に広告を制作することができるのである。もちろん，こうした時代になったとしても，依然として有料広告が広範に利用されていることを否定しているわけではない。広告は，有料であるか無料であるかを問わず，自社（あるいは自らの組織）がどのようなビジョンの下にどのような事業を行っているのかについての消費者・顧客への告知，消費者・顧客に提供する有形製品やサービス製品等に関する情報提供や販売促進等を，非人格的な媒体の利用により行うものであると捉えればよいのである。つまり，広告は，企業や組織等に関する様々な情報提供，有形の製品，サービス製品（営利企業の），サービス財（非営利組織等の）といった様々な提供物に関する情報提供，そうした提供物の購入や利用への説得を，非人格的な媒体を用いて行うものであると捉えたらよいと思われる。

　例えば，F. Jefkins（1990）は，広告の様々な定義を吟味したうえで，広告を，有形製品やサービス製品を販売するために知らせる手段，有形製品やサービス製品の見込み顧客への説得的な販売メッセージの提示，消費者を購入へと動機

づけるための製品についてのアイデアの創造と伝達，といったように捉えており，特に有料であるということには触れていないのである[9]。単純に，広告が，どのようなことに用いられるものなのか，どのような役割を果たすものなのかに着目して，それを定義すればよいのではないかと思われる。

　広告主が，企業の事業活動やその取扱製品等に関する広告であると認識していれば，有料であるか無料であるかを問わず，それは広告なのである。要するに，何が広告であるのかを識別するさいに，有料の広告媒体を利用するか否かを基準にするのでなく，何らかの媒体を利用して展開するコミュニケーション活動により達成しようとする目的，コミュニケーション活動が消費者・顧客に与える効果等を基準にして識別する方がよいと思われる。さらに，広告であるか，広告でないかの区別をするさいには，それが有料なのか無料なのかということではなく，明確な広告主によるものなのか否かという点に着目した方がよいであろう。最近では，消費者が製品の購入後や，サービス製品の利用後などに，その使用や利用から感じたことを自発的にブログ，SNS，ツイッター等に書き込むことにより情報発信するということがみられるようになってきた。こうした消費者によるインターネット上での自発的な口コミ情報の拡散は，広告とは関係のないことである。たとえある企業の広告情報が，インターネット上で口コミ情報を流している消費者にうまく伝わった結果として，その製品等の情報が口コミ情報として流れたとしても，その口コミは広告ではないのである。なぜなら，それは広告主によるものではないからである。消費者からの自発的な情報発信により，インターネット上に口コミ情報が拡散していって，それが他の消費者の製品等に関する購買行動に何らかの影響を及ぼすことがあったとしても，それは広告とは関係がないのである。このような消費者による自発的なインターネット上の口コミ情報の拡散を，あたかも広告であるかのように取り扱うことはやめた方がよい。なお，企業等から消費者が何らかの金銭や物財という対価の提供を受けてインターネット上に口コミ情報を発信する行為であるが，それは厳密に言えば口コミではなく事実上の広告なので，それは消費者の純粋に自発的な口コミ情報の発信とは区別されるべきである。

付け加えておくと，マスコミが企業の事業活動やその新製品等に関する取材に基づいて報道する基本的に無料のパブリシティというものがあるが，最近では企業が料金を支払って報道してもらうタイアップ・パブリシティが利用されることがある。一般的にパブリシティは，金銭的な対価を徴収することなく，無料でマスコミが自発的に報道するものなので客観性や信頼性が高いものと捉えられているのであるが，タイアップ・パブリシティの場合には有料のものなので，その役割や機能はさほど広告とは変わらないといえる。つまり，パブリシティの種類によっては，実質的に広告とさほど変わらないものがあるのであり，パブリシティと広告との境界がやや曖昧になってきているのである。

　以上のように，広告であるか否かを，それを有料で行っているのか，無料で行っているのかという基準により区分することにはさほど意味はなくなっているのである。広告と広報との間や，広告とパブリシティとの間の境界線や相違が次第に不明瞭になってきており，企業（及び各種の組織や機関）がその開設しているウェブサイトという事実上の広告媒体を保有することができるとともに，広告の制作を可能にするソフトウェア等が入手できるようになっている現在では，何が広告であるのかということは，それが果たしている機能や役割によって判断した方がよいと思われる。利用する媒体が有料なのか，あるいは無料なのかという基準により，広告とそれ以外のものを区分するやり方にはさほど意味はなくなっているものと考える。

　以上のことから，ここでは広告を，特定の広告主が，その利用する広告媒体が有料であるか無料であるかを問わず，非人格的な広告媒体を利用して，製品に関する情報提供，製品のブランドイメージの形成，製品の購買への説得，組織や機関を周知させること，といった様々な目的を達成するために行うコミュニケーション活動のことであると捉えることにする。

第3節　広告の目的

1　主要な広告目的

　広告活動は，どのような目的により展開されるのであろうか。広告目的（ないし広告目標）には様々なものがあるが，これに関して特に，製品やブランドに関連するものにはどのようなものがあるのかということからみていくことにする。それは，製品やブランドに関連するものが主要な広告目的であると考えるからである。この主要な広告目的について検討してから，それ以外の広告目的について検討することにする。まず，主要な広告目的には何があるのかを検討すると，以下のようなものが様々な論者により挙げられている。

　J.P. Guiltinan and G. W, Paul（1994）は，①認識，②使用の想起，③製品種類の使用についての態度の変更，④ブランド態度の重要性についての知覚の変更，⑤ブランドへの信念の変更，⑥態度の強化，⑦企業や製品ラインのイメージの形成，⑧直接的な反応の獲得を挙げている[10]。

　G. Armstrong and P. Kotler（2000）は，広告目的には，①情報提供をすること，②説得すること，あるいは③想起させることの3つがあるとしている。そして，広告目的により広告を分類して，情報提供広告，説得広告，想起広告を挙げている[11]。

　Fletcher（2010）は，広告は，情報提供や説得をするものであるとしている[12]。つまり，広告活動を展開する基本的な目的は，①情報提供と②説得であり，例えば，企業組織，非営利組織，有形製品，サービス製品等に関する様々な情報提供をすることや，有形製品やサービス製品等の購買への説得をすることであるとしているのである。

　L.D. Kelly, D.W. Jugenheimer and K.B. Sheehan（2015）は，広告コミュニケーションの役割として，①ブランド認知の増加，②ブランドに対する知覚あるいは総体としての態度を変化させること，③ブランドを特定のイメージと結

びつけることの3つを挙げている[13]。言い換えれば広告目的には，消費者のブランドに対する認知の増加，②消費者のブランドに対する知覚やブランドへの態度を変化させること，③ある製品のブランドに特定のイメージを結びつけることの3つがあるということになる。

　通常よく展開されている広告活動の目的には，以上のような様々な論者が挙げているものがある。これらの論者が挙げている広告目的をまとめると，主要な広告目的には，①製品情報の提供，②有形製品やサービス製品の購買への説得，③ブランド認知の増加，④ブランド・イメージの形成，⑤ブランドに対する態度変容，⑥製品やブランドを想起させること，といったものがある。この6つの主要な広告目的のそれぞれについて説明すると，以下のようになる。

　第1に，製品情報の提供というのは，例えば，市場に初めて導入される新製品や既存製品を改良した製品等について情報を提供することなどである。つまり，全くの新製品として市場に導入した場合には，広告のなかで，その新製品の用途，特徴，メリット，取扱店等についての情報提供する必要がある。既存製品の改良等による新製品の場合には，広告のなかで，それ以前の製品とどのような点で異なるのかなどについて情報提供する必要がある。この製品情報の詳しい情報を提供することに適している広告媒体には，特にインターネット広告，雑誌広告等がある。

　第2に，購買への説得というのは，例えば，消費者に対して，競合する他社の同種製品ではなくて，自社製品を購入するように働きかけることである。自社製品の購入への説得のためには，例えば広告のなかで，他社製品にはない自社製品の独自性，特徴，メリット等を明確化して訴求する必要性がある。

　第3に，ブランド認知の増加というのは，例えば，特定の製品ブランドに対する消費者の認知度が低く，それがさほど消費者に知られていない場合に，その認知度を上げるための広告を行うものである。このブランド認知を増加させるための広告は，特に，競合他社の同種製品のブランドと比較して知名度が低く売上げが伸び悩んでいる場合や，ある製品分野への新規参入時の知名度不足の場合などで展開される。

第4に，ブランド・イメージの形成というのは，例えば，消費者の頭の中に自社の特定の製品ブランドに対する好意的なイメージを植え付けることにより，自社製品の差別化を図ろうとすることである。これは，後で述べるポジショニングと関連してくるものである。付け加えておくと，Kelly, Jugenheimer and Sheehan（2015）が挙げているブランドを特定のイメージと結びつけることというのは，ブランド・イメージの形成と基本的に同じことであり，これもポジショニングと関連するものである。

　第5に，ブランドに対する態度変容というのは，消費者が特定の製品ブランドに対して，あまり良いイメージを抱いていない場合や，ある固定観念に基づいたイメージを抱いている場合に，それを覆すような広告を展開し，消費者の態度を変えようとすることである。消費者に態度変容させることに成功し，特定の製品ブランドのイメージを向上させることができれば，その製品の普及や売上高の拡大につながる。

　第6に，製品やブランドを想起させることというのは，例えば，長期間にわたって製造・販売されている特定の製品や長く親しまれているブランドに関して，消費者にその存在を忘れられないようにするとともに，ブランド力を維持するために，ときどきそれらの存在を消費者に思い起こさせるための広告を展開するものである。ある特定の時期において，特定の製品やブランドに対する良好なイメージ形成に成功したとしても，そうしたことは必ずしも永続するわけではない。なにもせずに放置しておくと，競合他社の新製品や新ブランドの登場，消費者の欲求・ニーズの変化等により，製品魅力度の低下やブランド力の低下が生じることがある。このようなことを防止するために，特に，自社の主力製品や主力ブランドが消費者に忘れ去られないように，広告のなかでそれらの存在やメリット等を継続的に消費者に告知・訴求しなければならない。

　主要な広告目的には以上のようなものがあるが，ここで主要なものに絞ることにより単純化して検討したのは，あまりに多くのものを挙げると焦点がぼやけると考えたからである。広告活動を展開するさいの主要な目的には，これらのものがあると捉えるのがよい。付け加えておくと，これらの広告目的は，特

に製造業者が，その取扱製品ないし製品ブランドの広告を行うさいに設定されるものであると捉えられる。そうした意味で，主要なものであるとはいえ，限定的に適用可能なものなのである。

2 その他の広告目的

以上，主要な広告目的について検討してきたが，広告活動は，様々な広告主が，より多種多様な目的を持って展開するものなので，これらの広告目的以外にも様々なものがある。こうしたところから，以下では，その他の広告目的（ないし広告目標）にはどのようなものがあるのかについて，上述の広告目的以外の様々なものを挙げている論者の議論を中心にみていくことにする。

第1に，F. Jefkins（1992）は，広告目的として，①新製品や新サービスの告知のため，②新顧客へ市場を拡張するため，③修正の告知のため，④価格変更の告知のため，⑤新パッケージの告知のため，⑥特別提供をするため，⑦質問を求めるため，⑧直販のため，⑨メディアのテストのため，⑩仕入れ業者の立地を告知するため，⑪仕入れ業者を獲得するため，⑫顧客を教育するため，⑬販売高を維持するため，⑭競争に挑戦するため，⑮想起させるため，⑯喪失した販売高の埋め合わせのため，⑰仕入れ業者の支援のため，⑱販売要員を満足させるため，⑲スタッフの補充のため，⑳投資家を引き付けるため，㉑寄付者を引き付けるため，㉒環境責任を宣言するため，㉓輸出するため，㉔取り引きの成果を告知するため，といった様々なものを挙げている[14]。

第2に，W.J. Stanton, M.J. Etzel, and B.J. Walker（1994）は，広告目的として，①人的販売の支援，②ディーラー関係の改善，③新製品の導入，④製品の用途の拡張，⑤代替品への切り替えの防止を挙げている[15]。

第3に，J. O'Shaughnessy（1995）は，広告目的として，①競争者から転換させること，②ブランドの個々の使用水準の増加，③新規ユーザーを引きつけること，④既存の顧客の保持を挙げている[16]。このO'Shaughnessy（1995）が挙げている広告目的は，特に有形製品のなかのブランド製品を念頭に置いたものであり，ブランド製品の使用増加だけでなく，広告メッセージの受け手であ

る消費者・顧客の獲得・保持，といったことを問題にしている。

　第4に，Stanton, Etzel, and Walker（1994）は，広告目的として，製品情報の提供に関するものに加えて，人的販売活動を行う販売員への支援，卸売業者や小売業者等の流通業者に対する支援，消費者・顧客が他社の代替製品に切り替えるのを防止することを挙げている。

　第5に，以上のような様々な論者が挙げているものに加えて，広告目的には，社員のモラール向上，企業名の認知度を上げること，企業の事業内容を知ってもらうこと等，他にも様々なものがある。

　以上，主要な広告目的と位置づけたもの以外に，どのようなものが広告目的として挙げられているのかをみてきたが，そもそも広告活動を展開する主体には，様々なものがあるので，広告目的にも非常に多種多様なものがあってよいのである。つまり，広告活動を展開する主体には，消費財製造業者，産業財製造業者，サービス企業，非営利組織等の様々なものがあるところから，広告の対象となるものには，有形のブランド製品だけでなく，ブランド製品以外の様々な有形製品や様々なサービス製品等があるので，広告目的を狭く捉えるのではなくて，Jefkins（1992）のように幅広く捉えることにより，実に様々なものがあるとすべきである。結論的に言えば，広告目的には，Jefkins（1992）が挙げているものに，Stanton, Etzel, and Walker（1994），Guiltinan and Paul（1994），O'Shaughnessy（1995），Armstrong and Kotler（2000），Fletcher（2010），Kelly, Jugenheimer and Sheehan（2015）が挙げているものや，その他のものを加えて総合したものがあると考える方がよい。

　ここでまとめをすると，主要な広告目的は上述のように，①製品情報の提供，②有形製品やサービス製品の購買への説得，③ブランド認知の増加，④ブランドに対する態度変容，⑤ブランド・イメージの形成，⑥製品やブランドを想起させることなのであるが，これら以外にも，以下のような様々な広告目的がある。

　つまり，①新規顧客の獲得による市場拡張，②有形製品やサービス製品の特別提供をすること，③消費者・顧客の保持，④消費者・顧客が，自社製品から

他社の同等製品へ切り替えすることの防止，⑤顧客からの質問を求めること，⑥流通業者への支援，⑦販売員への支援，⑧直販をするため，⑨競争者への対応，⑩社員のモラールを向上させること，⑪社員の補充・リクルートのため，⑫企業名に対する認知度を上げること，⑬企業の事業内容を知ってもらうこと，⑭環境問題に対する意思表明をすること，⑮投資家からの投資が自社に対してなされるようにすること，⑯企業の成果を外部に知らせること，⑰寄付者を募ること（特に非営利組織の場合），といった具合に様々なものがあるのである。

これらの広告目的を説明すると，次のようになる（⑧と⑨は除く）。

①，②，③，④は，例えば，製品の新用途等を広告のなかで案内することにより顧客層を拡大して顧客の新規獲得を図ったり，製品の割引価格提供等を広告で告知することにより販売促進を図ったり，既存の顧客が他社の製品ブランドに流れないように，顧客の維持・確保を図ったりするというものである。

⑤は企業が広告により，その取扱製品等について，消費者から意見や要望等を求めるために広告を行うというものである。

⑥の流通業者への支援と⑦販売員への支援であるが，広告活動の展開により，企業ブランド名や製品ブランド名を周知させることは，流通業者や販売員が消費者・顧客に製品を販売するさいの支援をすることになる。なぜなら，消費者・顧客が，企業ブランド名や製品ブランド名を知っていれば，製品を薦めて販売することが容易になるからである。

⑩の社員のモラールを向上させることであるが，自分たちが勤務している会社が，優れたブランド製品を取り扱っていることや，その社会で果たしている役割や意義等を広告のなかで社員向けに伝達することは，社員の労働意欲や職場士気を高めることにつながるであろう。このような社員向けの広告というものもあるのである。

⑪の社員の補充・リクルートのためであるが，企業が革新的であること，魅力的な企業であること，大企業で知名度があり安定していること等を広告により，社員の候補者に伝達することは，社員の補充やリクルートを容易にするであろう。新入社員の採用を促進するための広告というものもあるのである。

⑫の企業名に対する認知度を上げることであるが，企業名（あるいは企業ブランド）が流通業者や消費者によく知られていないということは，その製品の販売や売り込みをすることを困難にする原因となり得るので，企業の知名度を高めることが必要となる。こうしたことと併せて，企業のイメージ向上を図ることにより，その製品を購入・利用する消費者に好意を持たれるようにすることも必要である。

　⑬の企業の事業内容を知ってもらうことであるが，特に，産業財製造業者は，その取引先の企業には知られていても，消費者はその企業がどのような事業を行っているのか，どのような製品を製造しているのかをよく知らないことがある。こうした場合に，消費者向けに，その事業内容，取扱製品等について伝達するための広告を行うことがある。

　⑭の環境問題に対する意思表明をすることであるが，企業は，環境問題を解決するための活動等の社会貢献活動に取り組むことを広告のなかで表明することがある。この意思表明により，企業が単に金銭的な価値の追求を行っているのではなく，世界や地域社会が抱える環境問題解決に関心を持って社会貢献活動に取り組んでいることを周知させることができる。こうしたことは，地域社会からの信頼や理解を得るために大切なことである。

　⑮の投資家からの投資が自社に対してなされるようにすることであるが，例えば，企業の経営姿勢やビジョン，成長が期待される事業分野への取り組み等を広告することにより，投資家の関心を引きつけるといったことである。

　⑯の広告により企業の成果を外部に知らせることであるが，こうしたことを行うことも投資家に関心を持ってもらうために必要なことであろう。

　⑰の寄付者を募ることであるが，これは特に，非営利組織への寄付金の募集活動のためになされるものである。

　このように，広告活動は，実に様々な広告目的に基づいて展開されるのである。

第4節　広告の種類

　一口に広告といっても多種多様なものがあるが，具体的にそれにはどのようなものがあるのであろうか。このために，様々な論者が，どのようなものを挙げているのかをみてみることにしよう。

　まず，Jefkins（1992）は広告の種類として，説得広告，情報提供広告，インスティテューショナル広告，金融広告，三行広告，小売業広告，共同広告，産業および事業者向け広告（B to B 広告），政府広告，業界広告，ダイレクト・レスポンス広告を挙げている[17]。

　これらのうちの説得広告と情報提供広告についてであるが，前者は消費者に有形製品やサービス製品を購入するように働きかけるというものであり，後者は消費者に有形製品やサービス製品についての情報を提供するというものである。そしてインスティテューショナル広告（企業広告ともいう）というのは，企業がそのイメージ向上等を図る目的でなされるものである。また，三行広告というのは，よく新聞広告のなかにみられるものであり，求人広告等に利用されているものである。さらに，ダイレクト・レスポンス広告というのは，ダイレクトメールや商品カタログを直接消費者に送付することによるものである。

　次に，Russel and Lane（1996）は広告の種類として，広告を消費者向け広告，業界と専門職向け広告，非製品広告を挙げている。そして消費者向け広告に含まれるものとして，全国広告，小売（地方）広告，最終製品広告，ダイレクト・レスポンス広告を挙げており，業界と専門職向け広告に含まれるものとして，業界広告，産業広告，専門職向け広告，企業広告（インスティテューショナル広告）を挙げている。また，非製品広告に含まれるものとして，アイデア広告，サービス広告を挙げている[18]。

　これらのうち，専門職向け広告というのは，医者や建築家のような専門職に従事している人達が，ある種の製品のユーザーであったり，その関係者にある種の製品の利用を薦める立場にあったりするので，そうした専門職の人達に対

して広告を行うというものである。また，アイデア広告というのは，例えば環境問題，社会問題等に関するキャンペーン等を目的としてなされるものである。

さらに，G.E. Belch and M.A. Belch（2009）は広告の種類として，消費者市場向け広告，業界や専門職市場向け広告を挙げている。そして消費者市場向け広告に含まれるものとして，全国広告，小売／地方広告，ダイレクト・レスポンス広告，一次的需要広告と選択需要広告を挙げており，業界や専門職市場向け広告に含まれるものとして，事業者向け広告（B to B の広告），専門職向け広告，業界向け広告を挙げている[19]。

これらのうちの一次的需要広告と選択的需要広告についてであるが，前者は，「その製品種類一般あるいは産業全体に対する需要を刺激することを意図」するものであり，後者は，「特定の製造業者の製品のブランドに対する需要を創出する」ためのものである[20]。

また，Marshall and Johnston（2011）は，インスティテューショナル広告と製品広告を挙げている[21]。インスティテューショナル広告というのは，個別製品が広告対象となるのではなくて，業界，企業，機関，ファミリーブランド等が対象となる広告のことである[22]。製品広告は，いうまでもなく個別製品が対象となる広告のことである。

広告の種類は，以上の様々な論者の分類にみられるように，広告目的別，広告対象別，広告の訴求対象別，広告の到達範囲やそのなされ方別に分類されているのであるが，こうした分類の仕方は次のような点で問題がある。

第1に，非製品広告としてサービス広告を挙げるのは正しくないということである。サービス広告（旅行業者等のサービス企業が行う）の対象となるサービス製品というのは，それが無形であるものの，れっきとした製品なのである。ただし，公的機関（政府，地方自治体等）が行う広告のなかで案内されるものは，サービス製品というよりはサービス財というべきものであろうが。無形のものでも，消費者に提供するために，そのコンセプトや提供方法等についてしっかりと考案・工夫された製品なので，それを対象とする広告は製品広告なのである。もし区分するのであれば，サービス製品の広告とすればよい。

第2に，専門職向け広告というのは，しょせんは産業ユーザーに対する広告と同様なものであるとみられるので，特にこうした分類をする必要はないという点である。
　ここで，これらの問題点が是正されるように，広告の種類を分類し直すと次のようになる。
① 　広告目的別分類。広告を目的別に分類すると，この分類に当てはまるものには，情報提供広告，説得広告，一次的需要広告，選択的需要広告，企業広告が挙げられる。つまり，広告の目的が，有形製品やサービス製品に関する情報提供なのか，それらを購入するように説得するための広告なのか，ある製品カテゴリー全体としての需要促進をするための広告なのか，特定の企業の製品の需要促進をするための広告なのか，企業そのものを広告するものなのかによって，広告の種類を分類するものである。
② 　広告対象別分類。広告をその対象となるものが何であるかの別により分類すると，この分類に当てはまるものには，有形製品の広告（消費財・産業財の広告），サービス製品の広告（消費者向けサービス製品・産業ユーザー向けサービス製品の広告），非営利組織が提供するサービス財の広告といったものがある。また，企業それ自体，様々な組織や機関，業界全体，ファミリー・ブランド等も広告の対象となる。このように，広告される対象には様々なものがあるのである。
③ 　広告の訴求対象別分類。広告がどのような訴求対象に対して向けられるのかということに基づいて分類すると，この分類に当てはまるものには，消費者向け広告，産業ユーザー向け広告（産業財を調達する製造業者，専門職に就いている人達等向け），業界向け広告（卸売業者，小売業者，インダストリアル・ディストリビューター等向けの広告）がある。このように，広告の訴求対象には，製品を購入する消費者・顧客だけでなく，業界関係者，取引先の流通業者等の様々なものがあるのである。
④ 　広告の到達範囲やそのなされ方による分類。広告をその到達範囲やどのような仕方でなされるのかということにより分類すると，この分類に当て

はまるものには，全国広告，地方／小売広告，ダイレクトレスポンス広告，三行広告といったものがある。広告には，全国広告だけでなく，特定の地域だけを対象とするローカルな広告もあるのである。

広告の種類の区分の仕方には，まだ様々なものがあるが，ここではこれら4つのものにより捉えることにする[23]。

第5節 統合マーケティング・コミュニケーションについて

広告活動の展開も一種のマーケティング・コミュニケーション活動なのであるが，統合マーケティング・コミュニケーションという考え方が登場する以前は，広告活動を他のプロモーション手段との関係を考慮に入れながら調整しつつ展開するということは特別考慮されなかった。現在では，この広告と，狭義の販売促進，人的販売，パブリシティ，PR等の各種のプロモーション手段をばらばらにではなく，それらの間の調整を図りながら統合された形で展開する統合マーケティング・コミュニケーション（IMC：Integrated Marketing Communications）という考え方が主流になってきている[24]。

この統合マーケティング・コミュニケーションについて，Marshall and Johnston（2011）は，それを，「特定の視聴者に対して最大限の影響を与えることが必要とされるときに，明確，簡潔，首尾一貫的な，さらにカスタマイズ可能な仕方で，標的顧客にブランドと企業のメッセージを伝達する」ための戦略的な手法であるとしている[25]。つまり，Marshall and Johnston（2011）は，それは，特定の標的顧客を念頭に置いたうえで，明確で，簡潔で，首尾一貫性のあるブランドや企業に関するメッセージを，広告，狭義の販売促進，PR，人的販売，ダイレクト・マーケティング手段等を統合的に調整しながら用いることにより伝達することで，最大限の影響を標的顧客に与えようとするものであるというのである。

こうした統合マーケティング・コミュニケーションが重要性を増してきた理由として，Belch and Belch（2009）は，他のものとはそれぞれ別個に様々なプ

ロモーション手段を利用することによる努力の重複を回避し，各プロモーション手段を調整しながら用いることによりシナジー効果を得ること，より効果的で効率的なマーケティング・コミュニケーション計画を開発することや，特に，消費者の変化，技術変化やメディアの変化といった環境の変化への対応を挙げている[26]。

つまり，企業が，プロモーション活動を展開するときに，シナジー効果や効率性，費用対効果等を求めるようになってきたことや，社会の変化，インターネットの普及によるネット社会の進展等の環境変化への対応の必要性から，統合マーケティング・コミュニケーションという考え方の重要性が高まってきたのである。

この統合マーケティング・コミュニケーションという考え方はたしかに重要なものであるが，それを実行するさいにはいつくかの問題が生じてくる。

例えば，Percy and Rosenbaum-Elliot（2012）は，統合マーケティング・コミュニケーション活動を実行するさいに生ずる問題点として，①意思決定構造上の問題，②組織構造上の問題，③組織におけるマーケティング・コミュニケーションの地位の低さ，④専門化，⑤組織の思考の仕方，⑥IMCについての経営者の認識，⑦変化への抵抗，⑧ポリティクスとパワー，⑨すでにIMCを実施しているという考え，⑩ミクロ・マーケティングやニッチには必要がないこと，⑪補償の問題を挙げている[27]。

つまり，Percy and Rosenbaum-Elliot（2012）は，企業が統合マーケティング・コミュニケーション活動を実行するときに，企業内の部門間，部署間での意思疎通や活動の調整等が必ずしもうまくいかないことや，そうした間での認識の相違等があり，統合マーケティング・コミュニケーション活動が思い通りに実行できないことがあるというのである。

こうした問題は，主として企業組織内の事情に帰因するものであるが，それ以外に，もっと根本的な問題点があることが指摘される。それは次のようなことである。つまり，統合マーケティング・コミュニケーション活動の展開を必要とするのは，例えば大企業の有力なブランド商品のキャンペーン時ぐらいの

ものではないかということである．大々的な広告キャンペーン等を中心とする製品のプロモーション活動を行うときには，多額の広告費や販売促進費の支出を伴うので，より効果的より効率的に，そしてシナジー効果が得られるように，様々なプロモーション手段をばらばらにではなく，それらの間の関係等を調整したうえで実施するのは当然のことである．せっかく多額の費用を掛けて広告・販売促進活動を行うのであるから，特定の製品の広告・販売促進のために企業の各部門や各部署でそれぞれ行う活動や努力を調整することにより集中化し，活動や努力に無駄が生じないようにすることは理解できる．

ただし，場合によってはごく簡単な広告活動の展開により済む場合もあるものとみられるのである．いちいち，全ての広告・販売促進活動を，統合マーケティング・コミュニケーション活動という大がかりなものにより展開すると，かえって企業組織内での調整費用や広告・販売促進費用が高くつくことがあるであろう．それゆえ，統合マーケティング・コミュニケーション活動は，ケースバイケースで展開するべきであると考える．統合マーケティング・コミュニケーション活動は，万能ではないのであり，それを必ずしも展開する必要はないのである．それは，それが必要なときにだけ，展開されればよいのである．

第6節　おわりに

以上述べてきたことのまとめをすると，次のようになる．

まず，広告の定義については，広告主が自前で広告媒体として活用できるものを保有することができるようになるとともに，広告制作のために必要なソフトウェア等を容易に入手できるようになったこともあり，広告を有料の媒体の利用により，行うものであると規定する意味合いはさほどなくなったものと考える．何が広告であるのかについては，利用する媒体が有料であるか無料であるのかという基準により区別するのではなく，コミュニケーション活動の展開により，企業や製品に関する情報提供，製品の販売促進等の広告目的が達成されるのかどうかという基準により区別する方がよいと思われる．この場合，広

報との区別がつかなくなるということになるかもしれないが，現在では広告と広報との境界はかなり曖昧になってきており，広報とはいっても他者の媒体に有料で掲載するものもあるのが実情である。そうしたところから，広告と広報の区別をするさいには，最終的にそれが有形製品やサービス製品の販売促進や企業の存続・成長につながっていくものなのか，企業活動（組織の活動）への地域社会からの理解を得ることや社会貢献活動等につながっていくものなのかにより大まかに区別したらよいものと思われる。

　広告目的には様々なものがあるが，その主たる目的は，有形無形の新製品かあるいは，ブランド力のある有形製品やサービス製品を対象とした，①製品情報の提供，②有形製品やサービス製品の購買への説得，③ブランド認知の増加，④ブランド・イメージの形成，⑤ブランドに対する態度変容，⑥製品やブランドを想起させること，といったものがある。ただし，広告目的には，それ以外に，①新規顧客の獲得による市場拡張，②有形製品やサービス製品の特別提供をすること，③消費者・顧客の保持，④消費者・顧客が，自社製品から他社の同等製品へ切り替えすることの防止，⑤顧客からの質問を求めること，⑥流通業者への支援，⑦販売員への支援，⑧直販をするため，⑨競争者への対応，⑩社員のモラールを向上させること，⑪社員の補充・リクルートのため，⑫企業名に対する認知度を上げること，⑬企業の事業内容を知ってもらうこと，⑭環境問題に対する意思表明をすること，⑮投資家からの投資が自社に対してなされるようにすること，⑯企業の成果を外部に知らせること，⑰寄付者を募ること，といった具合に様々なものがある。広告というと，製品情報の提供や購入への説得ばかりを目的としてなされるものと考えられがちであるが，実に様々な目的により広告がなされているのである。

　広告の種類にはどのようなものがあるのかということであるが，①広告目的別分類，②広告対象別分類，③広告の訴求対象別分類，④広告の到達範囲やそのなされ方という4つの分類によるものがある。もちろん，これらの以外にも様々な広告の分類の仕方があるが，あまりに複雑な分類をしても理解しにくくなるだけなので，これら4つの主要な分類の仕方で把握すればよいと思われる。

統合マーケティング・コミュニケーション活動については，個々ばらばらに広告コミュニケーション活動を展開することによる販売促進努力の重複や計画的でない広告コミュニケーション活動の展開の結果としての乏しい効果といったネガティブな問題を解決するために，それへの取り組みが必要である。ただし，それを実施するさいには，例えば企業組織内での意思疎通，企業の部門間での調整を予め十分に行っておく必要がある。ただし，ごく簡単な広告活動の場合には，統合マーケティング・コミュニケーション活動のような費用の掛かる活動の展開を行う必要はない。どのような場合に，統合マーケティング・コミュニケーションを行うのかはケースバイケースで判断すべきである。

　広告の在り方や展開方法は，インターネットという広告媒体の発展・進化，インターネット広告に関連した技術の革新等により，かなり多様化するとともに変化してきているので，従来からの広告に対する考え方を改める時期にきているように思われる。

●注
- (1) Russel and Lane (1996), p.32.
- (2) Armstrong and Kotler (2003), p.470.
- (3) Belch and Belch (2009), p.18.
- (4) Marshall and Johnston (2011), p.315.
- (5) Fletcher (2010), p.2.
- (6) Percy and Rosenbaum-Elliot (2012), p.4.
- (7) 八巻・梶山 (1995), 4ページ。
- (8) 井徳編著 (2005), 17ページ。
- (9) Jefkins (1990), p.3.
- (10) Guiltinan and Paul (1994), pp.261-266.
- (11) Armstrong and Kotler (2000), pp.414-415.
- (12) Fletcher (2010), p.2.
- (13) Kelly, Jugenheimer and Sheehan (2015), p.30.
- (14) Jefkins (1992), pp.20-32.

⒂　Stanton, Etzel and Walker (1994), p.506.
⒃　O'Shaughnessy (1995), pp.441-443.
⒄　Jefkins (1992), pp33-47.
⒅　Russell, and Lane (1996), pp.50-59.
⒆　Belch and Belch (2009), p.21.
⒇　*Ibid.*, p.21.
(21)　Marshall and Johnston (2011), pp.332-334.
(22)　*Ibid.*, p.333.
(23)　広告の種類については，ここで紹介した論者以外の論者によっても様々な分類がなされている。広告の種類の分類が，他にどのようにされているのかについては，次のものを参照のこと。宇野監修・片山・田中・清水著（1978），13〜17ページ。柏木編著（1982），40〜44ページ。八巻・梶山（1995），4〜5ページ。大城・髙山・波田（2004），92〜94ページ。波田（2007），16〜19ページ。清水（2014），9〜21ページ。

　　ここで，これらのなかから大城・髙山・波田（2004）の分類を紹介すると，広告目的による広告分類（企業広告，商品広告，ダイレクトレスポンス広告，意見広告，案内広告，連合広告，公共広告），表現手法による広告の分類（シリーズ広告，ティーザー広告，マルチ広告，タレント広告，コラボレーション広告），見た目による広告の分類（純広，編集タイアップ広告，ペイドパブリシティ）を挙げている（92〜94ページ）。
(24)　この IMC については，次のものを参照のこと。Belch and Belch (2009), pp.10-35.
(25)　Marshall and Johnston (2011), p.316.
(26)　Belch and Belch (2009), pp.12-13.
(27)　Percy and Rosenbaum-Elliot (2012), pp.369-373.

参考文献

Arens, W. F. and D. H. Schaefer (2007), *Essentials of Contemporary Advertising*, McGraw-Hill/Irwin.

Armstrong, G. and P. Kotler (2000), *Marketing : An Introduction*, 5th ed., Prentice-Hall.

Armstrong, G. and P. Kotler (2003), *Principles of Marketing*, 10th ed., Prentice Hall.
Belch, G.E. and M.A. Belch (1995), *Introduction to Advertising and Promotion : An Integrated Marketing Communications Perspective*, 3rd ed., Richard. D. Irwin, Inc.
Belch, G. E. and M. A. Belch (2004), *Advertising and Promotion : An Integrated Marketing Communications Perspective*, 6th ed., McGraw-Hill/Irwin.
Belch, G. E. and M. A. Belch (2009), *Advertising and Promotion : An Integrated Marketing Communications Perspective*, 8th ed., McGraw-Hill/Irwin.
Brierley, S. (1995), *The Advertising Handbook*, Routledge.
Coulson-Thomas, C.J. (1983), *Marketing Communications*, Butterworth-Heinemann, Ltd.
FitzGerald, M. and D. Arnott (2000), *Marketing Communications Classics*, Business Press.
Fletcher, W. (2010), *Advertising : A Very Short Introduction*, Oxford University Press.
Guiltinan, J. P. and G. W. Paul (1994), *Marketing Management : Strategies and Programs*, 5th ed., McGraw-Hill, Inc.
Jefkins, F. (1990), *Dictionary of Advertising : including Direct Response Marketing and Sales Promotion*, Pitman Publishing.
Jefkins, F. (1992), *Advertising*, 5th ed., Made Simple Books (Butterworth-Heinemann Ltd).
Jones, J. P. (ed.) (1998), *How Advertising Works : The Role of Research*, Sage Publications, Inc.
Jones, J.P. (ed.) (1999), *The Advertising Business*, Sage Publications, Inc.
Kelly, L.D., D.W. Jugenheimer and K.B. Sheehan (2015), *Advertising Media Planning : A Brand Management Approach*, 4th ed., Routledge.
Lane, W.R. and J.T. Russell (2001), *Advertising : A Framework*, Prentice-Hall, Inc.
Marshall, G. W. and M. W. Johnston (2011), *Essentials of Marketing Management*, McGraw-Hill/Irwin.
O'Shaughnessy, J. (1995), *Competitive Marketing : A Strategic Approach*, 3rd revised and enlarged edition, Routledge.
Percy, L. and R.H. Elliot (2005), *Strategic Advertising Mamagement*, 2nd ed., Oxford University Press.
Percy, L. and R.H. Elliot (2012), *Strategic Advertising Mamagement*, 4th ed., Oxford

University Press.
Rotzoll, K.B. and J.E. Haefner with S.R. Hall (1996), *Advertising in Contemporary Society: Perspectives toward Understanding*, 3rd ed., University of Illinois Press.
Russell, J.T. and W.R. Lane (1996), *Kleppner's Advertising Procedure*, 13th ed., Prentice-Hall, Inc.
Stanton, W.J., M.J. Etzel, and B.J. Walker (1994), *Fundamentals of Marketing*, 10th ed., McGraw-Hill, Inc.
Sutherland, M. (1993), *Advertising and the Mind of the Consumer: What Works, What Doesn't and Why*, Allen & Unwin Pty Ltd.
猪狩誠也編著 (2007), 『広報・パブリックリレーションズ入門』宣伝会議。
井徳正吾編著 (2005), 『広告ハンドブック――広告・広告メディアの基礎知識から計画立案・出稿・効果測定・プレゼンテーションの実務まで』日本能率協会マネジメントセンター。
宇野政雄監修, 片山又一郎・田中利見・清水公一著 (1978), 『現代広告論――歴史と未来を探る――』実教出版。
榎本　宏 (1986), 『売れる広告・買わせる広告』同文舘出版。
大石準一 (1994), 『広告論概説』世界思想社。
大城勝浩・髙山英男・波田浩之 (2004), 『図解ビジネス実務事典　広告』, 日本能率協会マネジメントセンター。
梶山　皓 (1988), 『広告入門』日本経済新聞社。
梶山　皓 (2007), 『広告入門〈第5版〉』日本経済新聞社。
柏木重秋編著 (1982), 『広告総論』ダイヤモンド社。
柏木重秋編著 (1988), 『新版　広告概論』ダイヤモンド社。
家弓正彦監修・長田有喜著 (2010), 『広告キャリアアップシリーズ③　広報・PR戦略』誠文堂新光社。
小林太三郎・嶋村和恵監修 (1997), 『新版　新しい広告』電通。
志津野知文 (1988), 『広告の実際』日本経済新聞社。
嶋村和恵監修 (2011), 『新しい広告』電通。
清水公一 (1995), 『広告の理論と戦略（第5版）』創成社。
清水公一 (2014), 『広告の理論と戦略（第18版）』創成社。
高橋秀雄 (1998), 「広告の機能・効果の分析の問題について――効果のハイアラーキー・モデルを中心として――」『中京商学論叢』第44巻第1・2合併号, 27~44ページ。

近田哲昌・三木佑太（2014），『クチコミデザイン』すばる舎。
宣伝会議編，新屋哲博・松岡富士夫監修（1996），『広告ビジネスの基礎講座』宣伝会議。
日経広告研究所編（2005），『広告用語辞典〈第4版〉』日本経済新聞社。
日経広告研究所編（2005），『平成17年版　広告に携わる人の総合講座』日経広告研究所。
日経広告研究所編（2010），『2011　基礎から学べる広告の総合講座』日経広告研究所。
日経広告研究所編（2011），『2012　基礎から学べる広告の総合講座』日経広告研究所。
日経広告研究所編（2012），『2013　基礎から学べる広告の総合講座』日経広告研究所。
日経広告研究所編（2014），『2015　広告コミュニケーションの総合講座』日経広告研究所。
日経広告研究所編（2014），『広告白書2014』日経広告研究所。
日経広告研究所編（2015），『2016　広告コミュニケーションの総合講座』日経広告研究所。
日経広告研究所編（2015），『広告白書2015』日経広告研究所。
日経広告研究所編（2016），『広告白書2016』日経広告研究所。
博報堂DYメディアパートナーズ編（2015），『広告ビジネスに関わる人のメディアガイド2015』宣伝会議。
波田浩之（2006），『図解でわかる　広告入門』日本能率協会マネジメントセンター。
波田浩之（2010），『はじめの1冊！　広告の基本がわかる本』日本能率協会マネジメントセンター。
深見義一編集代表（1966），『マーケティング講座　第4巻　広告政策』有斐閣。
八巻俊雄・梶山　皓（1995），『広告読本（第2版）』東洋経済新報社。
山見博康（2015），『勝ち組企業の広報・PR戦略』PHP研究所。

第2章

広告表現と広告の機能・効果

第1節　はじめに

　広告は，その受け手に対してどのような作用を及ぼし，どのような効果を与えるのであろうか。広告の機能やそれが与える効果というと，特に消費者の有形製品やサービス製品等の購買意思決定や購買行動に対する機能や効果が特に注目を集める。しかしながら，広告は，消費者・顧客の購買意思決定や購買行動に対してのみ機能したり，効果を与えたりするというわけではない。広告は，単に有形製品やサービス製品の購買行動を引き起こすためだけでなく，新製品情報の提供や製品の広告キャンペーン等のためにも展開されるので，広告の機能やそれが与える効果には様々なものがあるのである。そうしたところから，広告の機能や効果について説明するモデルには様々なものがあってよいのである。広告の機能や効果を説明するモデルを取り上げるさい，消費者・顧客の有形製品やサービス製品の最終的な購買行動に対する効果や影響を問題にしているものだけに焦点を絞り込む必要性はない。こうした観点から，ここでは広告の機能や効果を説明するための様々なモデルを取り上げて検討することにする。

　まず，この広告の機能や効果について検討するまえに，その前提となる広告媒体と広告表現の問題について検討することにする。次に，広告の機能や効果を説明・分析するアプローチやモデルにはどのようなものがあるのかを紹介し検討することにする。そして，このような検討等をしたうえで，数あるアプローチやモデルのなかの，特に効果のハイアラーキー・モデルを中心に検討す

ることにする．その理由は，わが国では AIDMA モデルがよく取り上げられるが，効果のハイアラーキー・モデルの方がより一般性のあるものであると考えるからである．ただし，この効果のハイアラーキー・モデルにはいくつかの問題点もあるので，それについても論ずることにする．もちろん，そうした検討を行うさい，広告の機能や効果を説明するための様々なモデルのそれぞれを検討したうえで，特に効果のハイアラーキー・モデルを取り上げることにすることはいうまでもないことである．

さらに，わが国では，インターネット広告の普及・拡大や消費者のネットによる情報発信ができるようになったこと状況を踏まえて，電通の AISAS モデルが提起されている[1]．この AISAS モデルについても併せて検討していくことにする．この AISAS モデルというのは，広告の機能や効果を説明・分析するための1つのモデルとして注目されているものであるが，それをどのようなものとして理解したらよいのかについて検討する．

以上のような検討をすることにより，広告はどのような機能を果たし，どのような効果を及ぼすのかを明らかにすることにする．

第2節　広告媒体と広告表現の仕方について

広告には，テレビ広告，ラジオ広告，新聞広告，雑誌広告，インターネット広告，交通広告，屋外広告，デジタルサイネージ，チラシ，ダイレクトメール，といった具合に様々なものがあり，これらの広告を通じて様々な広告のメッセージやコンテンツが消費者に提示され送り届けられることになる．

これらの広告媒体を利用することによりなされる広告は，その目標とする広告効果を上げることを意図して，各広告媒体の特性に応じた様々な広告表現を用いることにより視聴者や読者（消費者）に訴求される．

主要な広告目的は第1章でみたように，①製品情報の提供，②有形製品やサービス製品の購買への説得，③ブランド認知の増加，④ブランド・イメージの形成，⑤ブランドに対する態度変容，⑥製品やブランドを想起させることで

ある。こうした様々な広告目的のなかのいずれかを達成するために，利用する特定の広告媒体のなかで訴求すべき広告メッセージや広告表現の工夫がなされる。広告は，単に漠然と製品の情報，特徴やメリット等について告知すればよいというものではない。広告のなかで視聴者や読者（消費者）に伝達したいこと明確化し，広告メッセージや広告表現の仕方を工夫することにより，それを効果的に伝達し訴求しなければならないのである。

　まず，広告コピー，特に広告のキャッチコピーをどのようなものとするのかを決めなければならない。広告のキャッチコピーを決定するときには，広告対象となる製品の機能や特徴，その対象顧客層等を念頭に置かなければならない。このキャッチコピーの表現の仕方について，森山晋平編（2016）は，例えば，正面切って真正直に語る仕方，製品等について皆が知らない驚きの事実を示す仕方，ナンバーワンであることを示す仕方（ただし業界1位という場合にはその根拠となるものが必要），消費者の背中を押すような表現の仕方，といったキャッチコピーの様々な表現の仕方を提示している[2]。また，有田憲史（2008）は，不快なことや不満なことといった状況に焦点を当てる仕方，製品等の新用途を提案する仕方，ネガティブな事実を突きつける仕方，比喩を用いて製品等のメリットを強調する仕方，といったキャッチコピーの様々な表現の仕方を提示している[3]。

　いずれのキャッチコピーの表現の仕方を用いるにせよ，広告対象の製品等がどのようなものであるのか，その独自性はどこにあるのか，といったことなどが明確に伝達できるようなキャッチコピーを創ることが必要である。この広告のキャッチコピーを決定することは重要なことであるが，それを含めた全体としての広告表現を，どのような広告媒体を通じて，そしてどのようなコマーシャルの形式を用いて行うのかを決定しなければならない。

　例えば，W.F. Arens and D.H. Schaefer（2007）は，テレビCMやラジオ広告に用いられているコマーシャルの形式として，①率直に告げること，②プレゼンターの利用，③推薦者の利用，④デモンストレーション，⑤ミュージカル・コマーシャルないしジングルの利用，⑥生活の一断面（問題解決），⑦ラ

イフスタイル，⑧アニメーションを挙げているが，テレビCMやラジオ広告の広告メッセージや広告表現は，これらの形式のなかのどれを利用するかによって異なったものとなってくる[4]。以下で，これらコマーシャルの8つの形式について説明すると次のようになる。

　第1に，率直に伝えることというのは，文字どおり，率直な広告メッセージの伝達を行うことである。例えば新製品の発売とその情報を率直に告知したり，ある製品のメリットや特徴等は何かについて広告のなかで率直に説明・告知するというものである。

　第2に，プレゼンターというのは，例えば視聴者に知られている著名な芸能人や専門家等を起用して，広告対象の製品についての広告メッセージ等を述べてもらうものである。製品の広告に著名なプレゼンターを起用することにより，その人物のイメージを利用することができる。

　第3に，推薦者の利用というのは，購入した製品を使用して満足した人達に，広告のなかで製品の良さ等を伝えさせたり，その製品の購入を薦めてもらうものである。一般の消費者が，広告対象の製品の使用経験に基づいて，その良さやメリット等について広告のなかで述べることになるが，こうした一般の人達による製品の推奨は，視聴者である他の人達に信頼性が高いと認識させることができるので効果がある。

　第4に，デモンストレーションというのは，例えばテレビCMのなかで製品を示すことである。こうしたことをやりやすいのは，家電製品や自動車等の耐久消費財である。主として無形のものからなるサービス製品の場合には，製品そのものを確定して目に見える形で示すことは困難なところから，一般的にいって，このような広告を実施することは困難である。

　第5に，ミュージカル・コマーシャルないしジングルというのは，コマーシャルのなかで，音楽ないしはジングルと呼ばれる短い時間流れる音楽を用いるものである。このコマーシャルのなかで流れる音楽は，それが視聴者に受け入れられて記憶され馴染みのものになると，製品のブランドイメージ形成に寄与することになる。

第6に，生活の一断面（問題解決）というのは，ドラマ仕立ての演出により，ある製品を使用すると消費者が抱えているある問題が解決されることを示すものである。例えば，洗濯物の黄ばみが広告対象の洗剤を使用すると真っ白になるといった具合に。

　第7に，ライフスタイルというのは，広告しようとする製品そのものよりも，その製品を愛用している人達をコマーシャルのなかで映し出すものである。例えば，あるブランドの衣服を身につけている人物を映し出し，その着用シーンのイメージを伝達するといったようなことである。

　第8に，アニメーションというのは，動画やCG，人形等を利用して広告表現を行うものであるが，それは伝達するのが難しい事柄を分かりやすく伝達するためなどに用いられる。例えば，肩こりの治療薬の効き目を分かりやすく訴求するために，CGやアニメーションを利用する場合などを思い浮かべると理解しやすい。

　設定する広告目的は何か，どのようなキャッチコピーを用いるのか，テレビCMやラジオ広告のなかで用いられる以上のようなコマーシャルの形式のなかのいずれを利用するのかによって，広告メッセージや広告表現の在り方がある程度決定されることになる。特定の広告目的の設定，利用するキャッチコピーの決定，利用する広告媒体の種類の選択，利用するコマーシャルの形式等に基づいて広告制作がなされ，例えばテレビCMとして放送され視聴者（消費者）に提示されるのである。このようにして制作され，消費者に提示されることになる広告は，どのような機能を果たし，消費者にどのような効果を与えることになるのであろうか。この点について，次に検討することにしよう。

第3節　広告の機能や効果を説明するモデルの検討

　以上のような様々な媒体を利用して提示され送り届けられる広告のメッセージやコンテンツは，果たしてどのように機能し，消費者にどのような効果を及ぼすのであろうか。言い換えれば，消費者が広告から影響を受けた後に，どの

ような過程を経て最終的な購買行動に至るのであろうか。こうした点について説明するアプローチやモデルには，例えば，以下のような様々な心理学的アプローチやモデルがある。

1　広告の機能や効果を説明する心理学的アプローチとモデル

　広告がどのような機能を果たすのか，どのような効果を及ぼすのか，といったことを説明するためのアプローチやモデルには様々なものがあるのであり，特定のアプローチやモデルによってのみ広告の機能や効果が説明されるわけではない。この広告の機能や効果について分析や説明がなされる場合には，様々な心理学的アプローチやモデルが用いられる。例えば O'Shaughnessy（1995）は，「心理学の様々な体系の各々は，広告が行動を変化させる仕方についての理解に貢献する」と述べ，そうしたものとして，①連合主義・条件付け／強化，反復的な露出，②認知心理学アプローチ（効果のハイアラーキー・モデル，精緻化見込みモデル），③説得的コミュニケーション・アプローチ，④一貫性理論（バランス・モデル，調和モデル，認知不協和／帰属モデル），⑤心理分析的アプローチ，⑥情緒的アプローチを挙げている[5]。

　第1に，連合主義・条件付け／強化，反復的な露出というのは，広告の受け手である消費者・顧客が，ある製品を広告メッセージのなかの何かにより連想するようにしたり，消費者・顧客の保持を目的として，広告メッセージによりブランド・ベネフィットを想起させることを通じて過去の購買経験を強化する，といったことを問題にするものである。

　第2に，認知心理学アプローチであるが，これは O'Shaughnessy（1995）によれば，「情報処理者とみなされる消費者に関する内的・精神的処理に焦点を当てるもの」であり，「広告がどのように機能するのかを説明するさいの，その目的とするところは，広告に触れることと購買との間の媒介的な精神的処理を確認すること」であるという[6]。典型的な認知心理学アプローチによるモデルは効果のハイアラーキー・モデルである。この効果のハイアラーキー・モデルについては，後で説明することにする。これとは別に，このアプローチに含

まれるものとして，精緻化見込みモデルがある。これは，人の認識には，①中心ルートと②周辺ルートの2つの説得のルートがあるというものである[7]。中心ルートからの説得は，長く持続する態度変容ももたらすが，周辺ルートからの説得は，「メッセージの短期的な受容に導く」としている[8]。

第3に，説得的コミュニケーション・アプローチであるが，これはO'Shaughnessy（1995）によれば，説得の有効性が，個々の受け手の精神的セットや他の特性，コミュニケーターや情報源，メッセージの内容やプレゼンテーションに依存するという考え方に基づくものである[9]。

第4に，一貫性理論であるが，これに属するものにはバランス・モデル，調和モデル，認知不協和の3つのものがあるとされている。O'Shaughnessy（1995）によればこれら3つは，次のようなものである[10]。

まず，バランス・モデルというのは，人々はその抱いている感情と信念との間のバランスや調和を求めようとするということを主張するものである。次に，調和モデルというのは，「人々はコミュニケーション源泉に対する態度と，そうした源泉と結びついている物事に対する態度との間の調和を求めようとする」ということを主張するものである[11]。

また，認知不協和というのは，人々がその抱いている信念，態度，価値観と一貫性が保たれないような状況に直面したときに生ずるものであり，認知不協和が発生した場合に人々はそれを減少させようとするということを主張するものである。

第5に，心理分析的アプローチであるが，これはO'Shaughnessy（1995）によれば，「広告者が最も基本的な動機を開発するような訴求をデザインすることができるように，製品に結びついている無意識の意味を発見することに関連している」ものであるという[12]。例えばある製品のユーザーであることに関して，人々がどのような意味合いを持たせているのかを見いだして，広告を行うさいにそうした見いだしたことを活用し，場合によっては消費者・顧客の態度変容を試みるというものである。

第6に，情緒的アプローチであるが，これは例えば人々の製品やブランド等

に対する情緒的反応を問題にするものである。

　これらの心理学的アプローチやモデルのなかで，広告が消費者にどのような影響を及ぼすのかということについての説明をするものといえるのは，連合主義・条件付け／強化，反復的露出と認知心理学アプローチ（特に，効果のハイアラーキー・モデル）だけであろう。これら以外の説得的コミュニケーション・アプローチ，一貫性理論，心理分析的アプローチ，情緒的アプローチは，広告の有効性の規定因，広告を行うさいに留意されるべき消費者の情緒・感情・信念・態度・価値観や，消費者が製品に対して持たせているような無意識の意味といったものを問題にしているにしかすぎないのである。こうした説得的コミュニケーション・アプローチ，一貫性理論，心理分析的アプローチ，情緒的アプローチを用いて，消費者の情緒・感情・信念・価値観や，消費者が製品に対して持たせているような無意識の意味を考慮した広告を行った結果，それが消費者にどのような機能や効果を及ぼして，例えば最終的な製品購買への動機付け等がなされていくことになるのかを説明するとなると不十分なので，これらとは別の心理学的アプローチやモデルにより説明するしかないであろう。

　連合主義・条件付け／強化，反復的露出についていえば，消費者に対する広告の機能を説明するのにはあまりに単純すぎるものである。結局のところ，O'Shaughnessy（1995）が挙げているアプローチやモデルのうち，消費者に対する広告の機能・効果を説明するものとしてよく利用されているのは認知心理学アプローチのなかの効果のハイアラーキー・モデルぐらいといったところなのである。以下では主として，この効果のハイアラーキー・モデルの内容とその問題点についてみていくことにしよう。

2　伝統的なハイアラーキー・モデルと効果のハイアラーキー・モデル

　広告の機能や効果について説明するモデルとして，Belch and Belch（2009）が取り上げている伝統的な反応ハイアラーキー・モデルがある[13]。この伝統的な反応ハイアラーキー・モデルには，AIDA モデル，効果のハイアラーキーモデル，イノベーション採用モデル，広告効果の情報処理モデルがある[14]。

これらのうちの，AIDA モデルと効果のハイアラーキー・モデルについて，J.P. Guiltinan, G.W. Paul and T.J. Madden（1997）は，AIDA モデルは1920年代に導入され，効果のハイアラーキーモデルは，R.J. Lavidge and G.A. Steiner（1961）により1960年代に導入されたとしている。そして，同じ1960年代には，イノベーション採用モデルも導入されたとしている[15]。

　Lavidge and Steiner（1961）により導入された効果のハイアラーキー・モデルは，次のようなものである。つまり，広告の機能には，情報やアイデアの伝達による認知と知識，消費者に製品に対する好感等を抱かせることに関わる好みと選択，最終的な購買行動に関わる確信と購入の3つがあり，これらの3つの機能は，「行動を3つの構成要素ないし次元に分ける古典的心理学モデルに直接関連している」としている[16]。そして，その3つの構成要素ないし次元として，①認知的要素，②情緒的要素，③動機的要素を挙げている。彼らの主張は，消費者・顧客が最終的な購買に至るまでに，認知（Awareness）→知識（Knowledge）→好み（Liking）→選好（Preference）→確信（Conviction）→購入（Purchase），といった段階を経るというところにある[17]。

　この効果のハイアラーキー・モデルを含む伝統的な反応ハイアラーキー・モデルに関して，Belch and Belch（2009）が興味深い議論を展開しているので，彼らの議論を中心にみていくことにする[18]。

　Belch and Belch（2009）は，伝統的な反応ハイアラーキー・モデルは，「企業，製品，あるいはブランドに気がつかない状態から，実際の購買行動へと，消費者が移動しながら通過していく段階を描写するために開発された」としている[19]。そして，それに含まれるモデルには，上述のように，AIDA モデル，効果のハイアラーキー・モデル，イノベーション採用モデル，広告効果の情報処理モデルがあるとしている。

　まず，AIDA モデルについては，人的販売活動を担当する販売員が，顧客への商品等の売り込み活動をするときに，顧客が経る段階を示すために開発されたものであるとしている[20]。このモデルは，顧客（購買者）が連続的に，注意（Attention）→関心（Interest）→欲求（Desire）→行動（Action）という過

程を経るというものである。このように，AIDA モデルは，Belch and Belch（2009）によれば，販売員による顧客への人的販売活動の効果を説明するものである。この AIDA モデルが非常に単純なものになっている理由は，Belch and Belch（2009）が，このモデルは本来人的販売活動の効果を説明するために開発されたものであるとしていることから推察できる。つまり，販売員が顧客の元へと直接出向き，商品の説明をして注意や関心を引きつけ，購入への欲求を喚起し，顧客の最終的な購買行動へと導く，といった比較的短時間内における一連の過程を説明するものなので，非常に単純なものになっていると考えられるのである。そうであるとすれば，AIDA モデルでは，例えば広告メッセージの一定期間にわたる反復的な提示等による効果等は本来問題にしていないということになる。この AIDA モデルに記憶（Memory）を加えると AIDMA モデルになるが，記憶を加えても，その単純さはさほど変わらない。この AIDMA モデルに関しては，Belch and Belch（2009）は何ら触れていない。付け加えておくと，Jefkins（1990）は，この AIDA モデルに，確信（Conviction）の C をときどき加えて AIDCA モデルにされることがあるとしているが，AIDMA モデルには何ら触れていない[21]。

　次に，効果のハイアラーキー・モデルについて Belch and Belch（2009）は，「それによって広告が作用する過程を示す」ものであり，「製品，あるいはサービスについての最初の気づきから，実際の購入までの連続的な順番の一連の段階を消費者が通過すると仮定する」ものであるとする[22]。そして，このモデルの基本的な仮定は，このモデルが，「ある期間にわたって広告効果が生ずる」ということであるとする[23]。Belch and Belch（2009）は，この効果のハイアラーキー・モデルは，認知（Awareness）→ 知識（Knowledge）→ 好み（Linking）→ 選択（Preference）→ 確信（Conviction）→ 購入（Purchase）の段階を経るものと捉えている[24]。

　さらに，イノベーション採用モデルであるが，これは特に，新製品が市場導入されたときに適用されるものであり，Belch and Belch（2009）は，採用（Adoption）に先行する段階は，認知（Awareness），関心（Interest），評価

(Evaluation) と試用 (Trial) であるとしている[25]。

　最後に，情報処理モデルについて Belch and Belch（2009）は，「受け手が，広告が情報処理あるいは問題解決となるものであるかのような説得的なコミュニケーション状況にあると仮定する」ものであるとし，提示 (Presentation) → 注意 (Attention) → 理解 (Comprehension) → 感化 (Yielding) → 保持 (Retention) →行動 (Behavior) という段階を経るとしている[26]。そしてこのモデルは，「販売促進キャンペーンの効果を計画し評価する効果的な枠組み」であるとしている[27]。

　以上みてきた Belch and Belch（2009）の議論からすると，広告が消費者の購買意思決定に対してどのように機能するのかを説明するモデルには，効果のハイアラーキー・モデルが適しているということになる。

　P. Kotler（1994）も同様に，反応ハイアラーキー・モデルについて述べているので，それについてみていくことにする。

　Kotler（1994）は，広告活動等を展開することにより，消費者の製品購入や満足という反応を引き起こす必要があるが，そのさい，消費者がどのような意思決定過程を経るのかを分析するためのものとして反応ハイアラーキー・モデルがあるとする。そして，それに含まれるものとして，AIDA モデル，効果のハイアラーキー・モデル，イノベーション採用モデル，コミュニケーション・モデルを挙げている[28]。Kotler（1994）が挙げているもののなかで，Belch and Belch（2009）が挙げているものと異なるのは，情報処理モデルがコミュニケーション・モデルとなっている点である。

　Kotler（1994）は，AIDA モデルは，注意 (Attention) →関心 (Interest) →欲求 (Desire) →行動 (Action)，といった過程を経るものであり，効果のハイアラーキー・モデルは，認知 (Awareness) →知識 (Knowledge) →好み (Liking) →確信 (Conviction) →購入 (Purchase) という過程を経るものであるとしている。また，イノベーション採用モデルは，認知 (Awareness) →関心 (Interest) →評価 (Evaluation) →試用 (Trial) →採用 (Adoption)，といった過程を経るものであり，コミュニケーション・モデルは，露出 (Exposure) →

受容（Reception）→認知的反応（Cognitive Response）→態度（Attitude）→意向（Intentiuon）→行動（Behavior），といった過程を経るものであるとしている[29]。

　Kotler（1994）は，特に，これらのうちの効果のハイアラーキー・モデルを取り上げて説明している。そして，このモデルは，消費者に，製品等を認知させる→製品等に対する知識を持たせる→製品等に対する好意的なイメージ与えて結びつける→選好を形成させる→確信を持たせる→購入，といったものであるとしている[30]。Belch and Belch（2009）や Kotler（1994）の議論から，効果のハイアラーキー・モデルが広告の機能や効果を分析するのに適したものであると考えてよいであろう。

　ここで，効果のハイアラーキー・モデルではなく，AIDA モデルについて，次のようなことを付け加えておく。参考のため，広告論ではなく消費者行動論の論者が，新製品の採用過程を説明するモデルとしてどのようなものを挙げているのかをみてみると，例えば J.F. Engel, R.D. Blackwell and P.W. Miniard（1990）は，そうしたものとしていくつかのものを紹介しているが，そのなかの 1 つとして AIDA モデルを挙げている[31]。広告論の論者に関しては，Jefkins（1990）だけでなく，Belch and Belch（2009），Kotler（1994）のいずれも AIDA モデルには触れているものの AIDMA モデルは触れていないし，Engel, Blackwell and Miniard（1990）も，AIDMA モデルには何ら触れていない。こうしたところから，AIDMA モデルではなくて AIDA モデルが一般的に受け入れられているモデルであると考える。また，AIDMA モデルについていえば，AIDA モデルのなかの注意（Attention）→関心（Interest）→欲求（Desire）という過程を経ることにより消費者が広告対象の製品を記憶することになると捉えるのが自然であり，わざわざ記憶（M：Memory）を付け加える必要はないといえる。AIDMA モデルのなかの欲求→記憶という過程は，製品が欲しくなってから，それを記憶するという不自然なものとなっている。それゆえ，AIDA モデルで十分であると考える。

　以上の様々な論者が挙げている消費者に広告が及ぼす機能ないしコミュニ

ケーション効果を説明するモデル（特に効果のハイアラーキー・モデル）は，基本的に，消費者に広告を露出することにより，製品に対する認識・理解・学習・態度形成等をさせたり，購買意思決定過程に働きかけたりすることにより，最終的な製品の購買という行動を起こさせる一連の過程からなっている。

3　効果のハイアラーキー・モデルの問題点と限界

ここで検討する効果のハイアラーキー・モデルに対しては，O'Shaughnessy (1995) が，それはどのようにして消費者の確信や行動を獲得するのかといったことについての解答を与えてくれないという問題点と，「記述された様々な段階の恣意性の暗黙の認識と，選択過程の仮定された一様性」といった問題点を指摘している[32]。

たしかに効果のハイアラーキー・モデルには，こうした問題点があるのであろうが，それよりもいっそう重大な問題点や限界がある。それは次のような点である。つまり，効果のハイアラーキー・モデルというのは，結局のところ，有形製品のなかの特にブランド製品（とりわけ消費財）を念頭に置いて考えられたものであり，消費者のブランド製品に対する認識・態度形成・態度強化・態度変更，といった広告目的を前提としているものである。それゆえ，有形製品ではなくて無形のサービス製品を対象としており，その広告目的が必ずしも消費者のブランド製品に対する認識・態度形成・態度強化・態度変更，といったものではないような広告，例えばサービス製品の広告や非営利組織が提供しているサービス財の広告等にはあまり妥当するものとはみられないのである。

効果のハイアラーキー・モデルが取り上げられるときには，あたかも，あらゆる種類の製品や財の広告の機能や効果の説明・分析に妥当するかのような取り上げられ方がなされているが，それは特に有形製品のなかの特にブランド製品の広告の説明・分析に妥当するものなのである。それ以外のものを対象とする広告の機能や効果の説明・分析に関しては，効果のハイアラーキー・モデルは必ずしも適用することができないのである。こうした点について明らかにするために，サービス製品やサービス財の広告上の問題を取り上げることにより，

検討してみることにしよう。

　効果のハイアラーキー・モデルというのはさきに述べたように，有形製品のなかの特にブランド製品を念頭に置いているものであり，消費者に広告を露出して，ブランド製品に対する認識や理解をさせ，ブランド製品に対する態度を形成をさせ，ブランド評価により確信を持たせ，購買意図を起こさせ，最終的なブランド製品の購買行動を起こさせるという一連の過程を問題にしているものなのである。サービス製品のように，主として無形のものからなり，広告の訴求対象とすべき明確な実体がないことが多いものの場合には，効果のハイアラーキー・モデルの適用により，消費者のサービス製品の購買意思決定過程の分析を行うということはあまり有効であるとは思われない。それは，サービス製品に関しては，その無形性，損なわれやすさといった特質から，明確な個別製品ブランドというものを確立することができないことが多いので，ブランド製品に対する認識や理解，それに対する態度形成や評価といったことを問題にしても仕方がないという理由からである[33]。

　サービス製品のブランド化は，例えば航空会社がそのビジネス・クラス（エグゼクティブ・クラス）の航空旅客輸送サービス製品にブランド名を付けたり，旅行業者がそのパッケージ・ツアーにブランド名を付けたりするといった具合になされているのであるが，こうしたことができるサービス製品はあまり多くはないし，ブランド化を行ったとしても消費者にそれとはっきりと認識してもらえるかどうかは分からないという問題があるのである。サービス製品の場合には，はっきりとしたブランド化の基礎となるものがなかったり，もしあったとしてもそれは脆弱（ぜいじゃく）なものであったり，同業他社が同様なブランド化を容易に行うことができたりするので，強力なブランド地位を確立したり，ブランド化による製品差別化を図ったりすることが困難なのである。

　例えば，ホテル会社がサービス製品のブランド化を図るさいに，宿泊客に利便性の高い宿泊サービスの提供，ポイント・カード・システムによる経済的利益の提供，気の利いた付帯的なサービスの提供等によりそれを図ろうとしても，よほどの差別化できる基礎がないかぎり，強力なブランドを構築することは難

しい。というのは，他のホテル会社でも同様の利便性の高い宿泊サービスの提供や顧客の組織化等は行ってきているので，これら以外に何らかの独自性がないかぎり，ブランド化による差別的優位性を確保することは困難なのである。

こうしたことが典型なかたちでみられるのは，旅行業者のパッケージ・ツアー製品のブランド化である。つまり，パッケージ・ツアー製品相互間に代替性があるところから，消費者はどこの旅行業者のパッケージ・ツアー製品を購入・利用してもあまり変わらないという状況がみられるなかで，その価格弾力性が高いので，消費者はパッケージ・ツアーのブランドというよりは価格の安さにより引きつけられやすく，強力なブランドを構築することなどはあまり実現可能なことではない[34]。

要するに，消費者にブランド製品に対する認識や理解をさせたり，ブランド製品に対する態度を形成させたり，ブランド製品に対する評価をさせたりするとはいっても，サービス製品の場合には，広告を通じて消費者にそうしたことをさせるように働きかけようにも，サービス製品自体がその無形性，損なわれやすさ等の特質によりそもそも分かりにくいものとなっているのに加えて，広告の訴求対象となるべき個別製品ブランドというものがないことが多く，ブランド化するにしてもブランド化の基礎となるものがなかったり脆弱なものであったりするし，他社の同種のサービス製品との間に高い代替性がみられることがあったりするので，うまくはいかないし，そうしたことを問題にしても仕方がないと思われるのである。

さらに付け加えておくと，たとえ広告の訴求対象となるサービス製品に個別製品ブランドがあったとしても，そのサービス製品がよほど標準化されていて，その品質にばらつきがほとんど発生しないとともに，それに多くの有形の構成要素が含まれていないかぎり，広告メッセージの意図に沿って，消費者にそうした個別製品ブランドに対する認識や理解，態度形成や評価をさせることは有形のブランド製品以上に困難なのである。つまり，サービス製品という主として無形のものからなり，生産されると同時になくなってしまい，その品質がなかなか安定せずにばらつきが生じやすいものの場合には，一般的にいって，そ

れに対する消費者の認識や理解，態度形成や評価は，それぞれの人が実際にどのようなサービス提供を受けたのかによって異なったものになりやすいのである。また，無形のサービス製品に対する評価は，個々人の主観性に左右される可能性も高いのである。

　結局のところ，「無形の製品を有形製品のように販売促進することは困難であるか，意味がないのである」と J.M. Rathmel（1974）が述べているように，有形製品の販売促進の場合と同じ仕方で，広告や種々の販売促進手段を用いたサービス製品の販売促進を行うことは困難であるか，あまり意味がないことなので，サービス製品の広告を行うさいには，サービス製品の特質に適した広告の仕方がなされるべきなのである[35]。こうしたことと同様に，サービス製品の広告の機能や効果の説明・分析をする場合には，有形製品のなかの特にブランド製品を念頭に置いた広告の機能や効果を説明したり分析をしたりするアプローチ等を用いるのではなくて，それに適したアプローチが用いられるべきなのである。

　サービス製品の広告が実際にどのようなかたちでなされているのかをみてみると，サービス製品がもっている無形性，損なわれやすさ，異質性等といった特質やその個別製品ブランドの確立の困難さを考慮してか，必ずしもブランドというものを念頭に置かずに，企業名やその提供しているサービス製品種類が何であるのかを単に周知させるための広告，企業自体やその取り扱っているサービス製品に関するイメージ広告，サービス製品の需要増加がこれから見込まれるという時期にその需要喚起やその存在の想起をさせることを目的とした広告，サービス製品の特徴やその利用から得られる利点がどこにあるのかを受け手としての消費者に分かりやすく伝達することを意図した広告，といったものがなされているのであり，よく見受けられるものがこれらのうちのイメージ広告である。こうしたサービス製品の広告においては，個別製品ブランドに対する認識や理解をさせたり，ブランド態度を形成させたり，ブランド評価をさせたりするということは必ずしもその目的とはされないのである。このようなサービス製品の広告の機能や効果を説明したり分析したりするさいには，サー

ビス製品の広告に適したアプローチによりそうしたことを行うべきなのである。このサービス製品の広告については，第5章で検討することにする。

さらに，営利目的のサービス業の広告ではなくて，非営利組織が提供しているサービス財に関する広告について付け加えておくと，そもそも非営利組織では個別製品ブランド自体に該当するものがないことが多く，その広告内容がそのサービス財についての情報提供，各種のキャンペーンが主なものとなっているので，効果のハイアラーキー・モデルをその広告の機能や効果の説明・分析に用いてもさほど意味がないということが指摘されるのである。

以上検討してきたように，効果のハイアラーキー・モデルというのは，有形製品のなかの特にブランド製品（とりわけ消費財）の広告の機能や効果の説明・分析に適用されるものなのであり，例えばサービス製品の広告や非営利組織のサービス財の広告の機能や効果の説明・分析には適用することが困難なものなので，それを広告一般の機能や効果を説明したり分析したりするものとして用いることはできないのである。ただし，このモデルは，有形製品でブランド化されたものを対象とする広告の機能や効果を説明するものとしてみた場合には，有効な分析モデルなのである。

第4節　インターネット時代における広告の機能や効果の議論

上述のように，広告・販売促進活動が，消費者の購買意思決定過程に及ぼす効果を説明するための伝統的な反応ハイアラーキー・モデルのなかの1つとして挙げられているのが AIDA モデルである。電通S・P・A・Tチーム編(2007)はインターネットが普及した電子商取引の時代において，この AIDA モデルにM（memory：記憶）を加えた AIDMA モデルから，電通が開発した AISAS モデルに代わりつつあるとしている[36]。AISAS というのは，Attention（気づき），Interest（関心），Search（検索），Action（行動），Share（共有）の頭文字をとったものである[37]。つまり，このモデルは，広告等によりある製品の存在に気づき，それに関心を持ち，インターネット等の手段によりその

製品についての様々な情報を検索する，その製品が気に入れば購買行動を起こし，使用してみた実感や感想等を，消費者が自発的にブログ，SNS，ツイッター等に書き込むことにより情報共有するというものであると理解される。

インターネット時代における広告について，このような AISAS モデルの見方があるものの，次のような見方もある。S.J. McMillan（2012）は，インターネット広告とテレビ広告，新聞広告等の伝統的な広告とを比較して，インターネット広告には，効果のハイアラーキーを圧縮する働きがあるとしている[38]。この効果のハイアラーキーの圧縮というのは，広告メッセージが，その訴求対象となる消費者に影響を及ぼすことにより生み出される認知→知識→好み→選択→確信→購入といった広告効果が，インターネット広告では，認知→広告先のサイトへの訪問といった具合に短縮化されることを意味する[39]。

たしかに，インターネット広告というのは，認知→広告主の販売サイトへの訪問→購入，といった効果をもたらす場合がある。インターネット広告を見て，すぐに欲しくなりすぐに買ってしまうことはあり得ることである。そして，消費者が，インターネット通販による有形製品等の購入後に，その使用実感等をブログ，SNS，ツイッター等に書き込んで情報を発信することが全ての場合で生ずるわけではない。つまり，インターネット広告を見て，すぐさまインターネット通販の利用により製品を購入し，それを使用ないし消費する，といったプロセスだけで終わってしまうこともあるのである。ブログ，SNS，ツイッター等への購入品の使用実感等の書き込みは，必然的になされるものではないし，全ての人達がそうしたことを行うわけではない。

また，共有（Share）のところに関していえば，例えば，ある消費者が何らかの製品を購入して満足した場合に，その製品の良さ等をインターネット上に自発的に口コミ情報として発信するということが発生したとしても，それは広告が果たす機能やそれが及ぼす効果とは関係はないのである。つまり，消費者の使用体験，使用実感がそうさせたのであるから，共有は消費者行動の分析の対象になっても，広告の機能や効果の分析とは関係がないのである。というのは，広告により影響された消費者が，広告対象の製品を購入したということは，

その消費者が購入した製品に対して満足したか不満であったかと別として，広告がうまく機能し効果があったから購入につながったとみるべきなので。製品購入後の消費者の自発的なインターネット上での情報発信は，購入した製品を実際に使用してみて分かったことに基づいているのであるから，それは製品そのものに帰因することなのである。このインターネット上に発信される消費者からの自発的な口コミ情報は，第1章で述べたように広告ではない。

　さらに，消費者は，有形製品等をインターネット通販のみで購入するわけではないので，例えば小売店の店頭広告を見て，AIDAモデルにあるような仕方に従って，注意（Attention）→関心（Interest）→欲求（Desire）→行動（Action）という過程を経て，ごく短時間で店頭に並んでいる商品を選択して購入することはあり得るのである。

　結論的にいえば，AISASモデルというのは，例えば，インターネット通販を利用する消費者にインターネット広告等が影響を及ぼすことにより購買行動を呼び起こすときなどの意思決定過程と，製品の購買後の消費者行動が組み合わさったモデルであると捉えた方がよい思われる。そうした意味で，純粋に広告の機能や効果を説明するためのモデルではないのである。付け加えておくと，AIDAモデル（そのバリエーションのAIDMAモデルも含めて）や効果のハイアラーキー・モデルは，もともと広告が与える影響に消費者が反応し，製品に気づいてから最終的な製品の購買に至るまでの過程を問題にしているにしかすぎない。それゆえ，広告とは関係のない製品の購入後の消費者行動をそもそも問題にしているわけではないのである。AIDAモデル（及びAIDMAモデル）や効果のハイアラーキー・モデルというのは，広告の機能や効果を分析するために用いられるものなので，消費者の製品購入後のことはそもそも問題にしていないのである。それゆえ，もし消費者の製品購買後の行動や，消費者の自発的な他の消費者に対する情報提供が影響を及ぼすことを問題にし分析するのであれば，広告の機能や効果の分析モデルを利用するのではなく，消費者行動の分析モデルを利用して，そうした事象の分析を行うべきである。

　AISASモデルは，この消費者行動を分析するものと捉えれば有効な分析モ

デルなので，そうした消費者行動を分析するためのものとして位置づけて用いればよい。様々なモデルを利用するさいに，広告の機能や効果と消費者の購買行動との関連を分析するのか，広告だけでなくそれ以外の様々な情報源泉（自らの消費経験，口コミ等）から，製品等に関する情報を得ている消費者の消費者行動を分析するのか，ということをそもそも明確にしておく必要性があるのである。

　付け加えておくと，AISAS モデルには，どのような場合にも妥当するとはみられないという問題点が指摘される。消費者は，様々な現実の店舗や仮想店舗等の利用により，様々な有形製品やサービス製品を購入するのであるが，購入先の店舗のタイプ，購入する有形製品やサービス製品の種類等によって，そして広告の展開の仕方の相違によって，消費者の購買行動は異なるのである。例えば，消費者が長い期間にわたって愛顧してきており，反復的な購買をする調味料や他の加工食品などのテレビ広告は，注意や関心を引くためというよりも，製品のブランド・イメージ強化や想起を目的としていることが多く，消費者は小売店舗の売り場でそれを見つけて購入するだけである。もちろん，ブログ，SNS，ツイッター等で情報発信するということなどは，斬新な新製品やいままで購入したことがない特徴的な製品などを除けばあまりなされないとみられる。特定の製品の広告に注意を引かれて関心を持ち，その製品に関する情報を検索して購入するということが起こりえるのは，特に，生活家電，デジタルカメラ，自動車等の耐久消費財や，サービス製品のなかでも複雑で分かりにくい各種保険商品といったものである。そうした意味で，AISAS モデルの適用範囲は限定されることになる。

　広告主の広告の展開の仕方，消費者の製品購入先，消費者が購入する製品の種類のいずれも様々で，多種多様な広告展開や消費者の購買意思決定過程のパターンがあるので，1つの広告の機能・効果を説明するモデルのみで足りるというわけではない。広告の機能・効果を説明する様々なモデルが存在するのは当然のことである。

第5節　広告の機能や効果を説明するモデルの使い分けの必要性

　上述のように，広告が，どのように機能するのか，それが消費者にどのような効果を及ぼすのかを説明するアプローチには，O'Shaughnessy（1995）が挙げているように，①連合主義・条件付け／強化，反復的な露出，②認知心理学アプローチ（効果のハイアラーキー・モデル，精緻化見込みモデル），③説得的コミュニケーション・アプローチ，④一貫性理論（バランス・モデル，調和モデル，認知不協和／帰属モデル），⑤心理分析的アプローチ，⑥情緒的アプローチ，といった様々なものがある。そして，Belch and Belch（2009）は，伝統的な反応ハイアラーキー・モデルに含まれるものとして，AIDA モデル，効果のハイアラーキー・モデル，イノベーション採用モデル，広告効果の情報処理モデルを挙げている。

　この O'Shaughnessy（1995），Belch and Belch（2009）の議論から分かることは，広告がどのように機能するのか，それがどのような効果を消費者に与えるのかを説明するアプローチやモデルには，様々なものがあるということなのである。こうした観点からすれば，AIDMA モデル，AISAS モデルのそれぞれは，広告が消費者にどのような効果を与えるのかを説明するための1つのモデルとして位置づけられることになる。広告は，様々な目的により様々な消費者に対して提示されるものなので，その機能やそれが与える効果には様々なものがあると捉えられるべきである。ここで，このような考え方と，上述の Kotler（1994）と，特に Belch and Belch（2009）の反応ハイアラーキー・モデルの区分の仕方に基づいて，広告の機能や効果を分析するモデルを整理してみると次のようになる。

　まず，人的販売活動が消費者に与える影響や効果を説明するためのものとされる AIDA モデルであるが，広告の機能や効果の分析に関しては，このモデルは，消費者に対する比較的短い時間内における即時的な広告の機能や効果を分析するものとして適用することができる。

次に，広告の機能や効果について説明するためのものとされる効果のハイアラーキー・モデルであるが，それは有形製品のなかの特にブランド製品（とりわけ消費財）の広告の機能や効果の説明に適用されるものであると考えられる。
　また，新製品が市場導入されたときの広告効果の分析のために用いられるものとされるイノベーション採用モデルについては，特に，それまで既存の市場には存在しなかった革新的な新製品の広告に対して適用されるものである。
　最後に，企業が，その製品の販売促進キャンペーンを行うときに，その効果を計画し評価するためのものとされる広告効果の情報処理モデルについては，ある製品の認知度アップや販売高増加等を目的とする広告キャンペーンの分析に適用されるものである。
　このように，Kotler（1994），Belch and Belch（2009）の伝統的な反応ハイアラーキー・モデルの区分の仕方に従えば，広告の機能や効果等について分析するモデルには様々なものがあるということになるのである。AIDAモデル、AIDMAモデル，AISASモデル，効果のハイアラーキー・モデル，イノベーション採用モデル，広告効果の情報処理モデルのそれぞれは，広告の機能や効果等を分析する1つのモデルにしかすぎないので，これらのものを利用するさいには，分析目的に応じて，それに適したモデルを選択して利用すればよいのである。
　広告主が，広告活動を展開することにより達成しようとする目的には様々なものがあり，広告主がそれぞれ設定する広告目的の相違に応じて，広告メッセージの受け手に与える広告の機能・働きや効果は異なるのである。また，広告主が，その広告対象とする有形製品やサービス製品の種類に応じて，消費者の購買意思決定の仕方は異なるので，広告を通じて与えようとする効果や機能も当然のことながら，その種別により異なってくるはずである。それに加えて，消費者というのは，多種多様な有形製品やサービス製品を対象として，例えば自分の目的や必要性に応じた計画的な購買，補充のための反復的な購買，衝動買い，特定の時点だけの贅沢消費，といった様々な購買行動をとるのであり，特定のパターンでしか行動しないわけではない。先述のように，広告対象とな

る有形製品やサービス製品が多種多様であること，消費者が購入する製品種類が多種多様であること，広告の機能・働きや効果の多様性，といったことを反映して，広告の機能や効果を説明・分析するモデルにも様々なものがあってよいのである。消費者の広告への反応の仕方，それによって触発される態度形成や購買意思決定等の仕方は消費者によって異なるのであり，そもそも一様なものではない。AISAS モデルが登場する以前においても，広告の機能や効果は AIDMA モデルのみにより説明されてきたわけではないのであり，それ以外の様々なモデルによっても説明されてきたのである。特定のモデルにより説明されることには限りがあるので，説明しようとする事象によっていくつかのモデルを使い分ける必要がある。

第6節　おわりに

　ここでは，広告の機能や効果を説明する様々なアプローチやモデルについて検討してきた。広告の機能や効果を説明するアプローチやモデルには，例えば，O'Shaughnessy（1995）が挙げている様々な心理学的アプローチやモデルがある。この心理学的アプローチやモデルには，①連合主義・条件付け／強化，反復的な露出，②認知心理学アプローチ（効果のハイアラーキー・モデル，精緻化見込みモデル），③説得的コミュニケーション・アプローチ，④一貫性理論（バランス・モデル，調和モデル，認知不協和／帰属モデル），⑤心理分析的アプローチ，⑥情緒的アプローチが含まれる。また，O'Shaughnessy（1995）が挙げているもののうちの認知心理学アプローチを一部含む伝統的な反応ハイアラーキー・モデルもある。この伝統的な反応ハイアラーキー・モデルには，AIDA モデル，効果のハイアラーキー・モデル，イノベーション採用モデル，広告効果の情報処理モデルが含まれる。これらのうちの重要なものは効果のハイアラーキー・モデルであるが，それは特に，有形のブランド製品に関する広告の機能や効果を説明するものとしては有効である。

　この効果のハイアラーキー・モデルの問題点や限界はどこにあるのかについ

てであるが，それは無形で分かりにくいものであることが多く，明瞭に識別できる個別製品ブランドが存在しないことが多いサービス製品にはあまり妥当しないということである。広告の対象となるものには，有形製品だけでなく無形のサービス製品（サービス財）もあるが，サービス製品（サービス財）の広告の機能や効果について分析・説明するさい，有形製品のなかの特にブランド製品（とりわけ消費財）に妥当するものである効果のハイアラーキー・モデルを取り上げて説明されることがある[40]。そうした場合には，この効果のハイアラーキー・モデルにより広告一般の機能や効果の説明・分析がなされるかのような取り扱い方をしているのである。サービス企業の広告，非営利組織が行う広告については，有形製品のなかの特にブランド製品を対象とする製造業者の広告とは，そもそも広告対象が異なるので，本来はサービス製品やサービス財を対象とする広告の機能や効果を説明・分析するのに適した別のアプローチにより説明する方がよい。

インターネット時代になり，インターネットそれ自体やインターネット広告が普及するにつれて，広告の機能や効果に関する捉え方に変化が出てきた。1つは消費者からのブログ，SNS，ツイッター等による情報発信から得られる口コミ効果を考慮に入れるもの，もう1つはインターネット広告に触発された即時購買がなされることで，効果のハイアラーキー・モデルの過程が短縮化されるというものである。もともと消費者には様々な人達があり，その購買行動は一様ではないので，技術的変化等の環境変化が発生すると，さらに広告の機能や効果を説明するモデルが多様化することは不思議なことではない。そのさいに，留意すべきことは広告の機能や効果を説明する従来からのモデルの有効性がなくなってしまったというのでなくて，単に新しい事象を説明するためのモデルが1つ増えただけであるということなのである。将来的にも，様々な環境変化により，新しいモデルが登場してくることは大いにあり得ることである。

広告の機能や効果を説明するためのモデルには様々なものがあり，それらのうちのいずれかが他に勝るというものではない。それぞれのモデルにより説明される事柄が異なるのである。それゆえ，それらの使い分けをどのようにする

のかが問題になる。ます，AIDA モデルについては，消費者に対する比較的短い時間内における即時的な広告効果を分析するものとして適用することができる。次に，効果のハイアラーキー・モデルについては，有形製品のなかの特にブランド製品（とりわけ消費財）の広告の機能や効果の説明に適用される。また，イノベーション採用モデルについては，特に，それまで既存の市場には存在しなかった革新的な新製品の広告に対して適用される。最後に，広告効果の情報処理モデルについては，ある製品の認知度アップや販売高増加等を目的とする広告キャンペーンの分析に適用される。広告には様々なものがあるので，広告の機能や効果を説明するモデルには複数あってよいのであり，説明しようとする対象や事柄の別によって，モデルを使い分ければよいのである。

効果のハイアラーキー・モデルについて付け加えておくと，わが国では AIDMA モデルばかりが取り上げられてきたが，この効果のハイアラーキー・モデルを広告の機能や効果を説明するものとしてもっと活用したらよい思われる。ただし，特に有形のブランド製品の広告に対してであるが。

●注
(1) 電通が開発したこの AISAS モデルについては，電通 S・P・A・T チーム編（2007），18～20ページを参照のこと。なお，この AISAS は，電通の登録商標である。
(2) 森山編（2016）を参照のこと。
(3) 有田（2008）を参照のこと。
(4) Arens and Schaefer (2007), pp.256-258.
(5) O'Shaughnessy (1995), pp.416-441.
(6) *Ibid.*, p.421.
(7) *Ibid.*, pp.426-427.
(8) *Ibid.*, p.427
(9) *Ibid.*, p.429.
(10) *Ibid.*, pp.434-436.
(11) *Ibid.*, p.435.

⑿　*Ibid.*, p.436.
⒀　Belch and Belch（2009），pp.156-159.
　　なお，広告の機能や効果については，この Belch and Belch（2009）の議論などを中心に取り上げるが，それらの他に，次の論者による議論もあるので紹介しておく。
　　Guiltinan and Paul（1994）は，様々な反応の段階でのコミュニケーションの効果について述べ，そうした反応の段階として，①認知段階（この段階での効果：メッセージの露出，メッセージの想起，製品への注意，製品の態度と用途についての知識），②情緒的段階（この段階での効果：より多くの情報を求めようとする意欲，製品への関心，好意的な製品評価あるいはブランド態度，試そうとするかあるいは購買しようとする意図），③行動段階（この段階での効果：製品の試用，製品購買）があるとしている（pp.256-257）。
　　また，Rossiter and Percy（1987）は，購買者の反応連鎖として，露出→処理→コミュニケーション効果→標的視聴者の行動といった連鎖を挙げている（pp.16-18）。
　　さらに，仁科（1982）は，広告課題として選ばれる心理的変化として，①認知（銘柄の存在の消費者の意識上への顕在化），②理解（銘柄特徴を覚えさせること），③態度（銘柄への好意的態度の形成），④意図（銘柄購買ないし購買のための準備行動への意向を固める）を挙げている（51ページ）。
⒁　Belch and Belch（2009），pp.156-157.
⒂　Guiltinan, Paul and Madden（1997），pp249-250.
⒃　Lavidge and Steiner（1961），p.60.
⒄　*Ibid.*, p.161.
⒅　Belch and Belch（2009），pp.156-159.
⒆　*Ibid.*, p.156.
⒇　*Ibid.*, p.157.
㉑　Jefkins（1990），p.10.
㉒　Belch and Belch（2009），p.157.
㉓　*Ibid.*, p.157.
㉔　*Ibid.*, pp.156-157.
㉕　*Ibid.*, p.157.
㉖　*Ibid.*, p.157.
㉗　*Ibid.*, pp.156-157.

⑱　Kotler（1994），p.602.
⑲　*Ibid.*, p.602.
⑳　*Ibid.*, p.603.
㉛　Engel, Blackwell and Miniard（1990），pp.700-703.
㉜　O'Shaughnessy（1995），p.423.
㉝　サービスの特質については，高橋（1998），8～10ページを参照のこと。
㉞　Middleton（1988），p.92.
㉟　Rathmell（1974），p.96
㊱　電通Ｓ・Ｐ・Ａ・Ｔチーム編（2007），18ページ
㊲　同上，19ページ。
㊳　McMillan（2012），pp.17-18.
㊴　*Ibid.*, p.17.
㊵　例えば，Kotler, Bowen and Makens（2010）は，ホテル業や旅行業の広告のコミュニケーション目標の決定に関する議論のなかで，認知（Awareness）→知識（Knowledge）→好み（Linking）→選択（Preference）→確信（Conviction）→購入（Purchase）の段階を経る効果のハイアラーキー・モデルを用いて説明をしている（pp.362-365.）。

付け加えておくと，AIDAモデルも旅行業の広告の説明に用いられている。例えば，Holloway and Robinson（1995）は，旅行業の広告がAIDA原理に従うものとしている（p.150）。

参考文献

Arens, W. F. and D. H. Schaefer（2007），*Essentials of Contemporary Advertising*, McGraw-Hill/Irwin.

Belch, G.E. and M.A. Belch（1995），*Introduction to Advertising and Promotion: An Integrated Marketing Communications Perspective*, 3rd ed., Richard D. Irwin, Inc.

Belch, G. E. and M. A. Belch（2004），*Advertising and Promotion: An Integrated Marketing Commucations Perspective*, 6th ed., McGraw Hill/Irwin.

Belch, G. E. and M. A. Belch（2009），*Advertising and Promotion: An Integrated Marketing Commucations Perspective*, 8th ed., McGraw Hill/Irwin.

Engel J.F., R.D. Blackwell and P.W. Miniard（1990），*Consumer Behavior*, 6th ed.,

Dryden Press.
Guiltinan, J. P. and G. W. Paul (1994), *Marketing Management : Strategies and Programs*, 5th ed., McGraw-Hill, Inc.
Guiltinan, J.P., G.W. Paul and T.J. Madden (1997), *Marketing Management : Strategies and Programs*, 6th ed., The, McGraw-Hill Companies, Inc.
Holloway, J. C. and C. Robinson (1995), *Marketing for Tourism*, 3rd ed., Pitman Publishing.
Jefkins, F. (1990), *Dictionary of Advertising : Including Direct Response Marketing and Sales Promotion*, Pitman Publishing.
Jefkins, F. (1992), *Advertising*, 5th ed., Made Simple Books (Butterworth-Heinemann).
Kotler, P. (1994), *Marketing Management : Analysis, Planning, Implementeation, Control*, 8th ed., Prentice-Hall, Inc.
Kotler, P., J. Bowen and J. Makens (2010), *Marketing for Hospitality and Tourism*, 5th ed., Prentice Hall.
Lane, W.R. and J.T. Russell (2001), *Advertising : A Framework*, Prentice Hall.
Lavidge, R.J. and G.A. Steiner (1961), "A Model for Predictive Measurements of Advertising Effectiveness," *Journal of Marketing*, Vol.25, No.6, pp.59–62.
McMillan, S.J. (2012), "Internet Advertising : One Face or Many ?," in D.W. Shumann and E. Thorson (eds.), *Internet Advertising : Theory and Research*, Psychology Press, pp.15–35.
Middleton, V. T. C. (1988), *Marketing in Travel and Tourism*, 1st ed., Heinemann Professional Publishing Ltd.
O'Shaughnessy, J. (1995), *Competitive Marketing : A Strategic Approach*, 3rd ed., Routledge.
Rathmell, J.M. (1974), *Marketing in the Service Sector*, Winthrop Publishers.
Russell, J. T. and W. R. Lane (1996), *Kleppner's Advertising Procedure*, 13th ed., Prentice-Hall, Inc.
Young, J.W. (2003), *A Technique for Producing Ideas*, McGraw-Hill Companies, Inc.
阿部正吉（2006），『クロスメディア時代の　CM 制作の基礎知識　TVCM から Web・ケイタイまで』宣伝会議。
有田憲史（2008），『「売る」コピー　39の型』翔泳社。
石原雅晴（2002），『発想するコピーライティング』宣伝会議。

植条則夫（1993），『広告コピー概論〔増補版〕』宣伝会議。
梅田彰宏監修（2012），『心をつかむキャッチコピーが書ける！　売れるキーワード事典』ナツメ社。
榎本　宏（1986），『売れる広告・買わせる広告』同文舘出版。
大城勝浩・髙山英男・波田浩之（2004），『図解ビジネス実務事典　広告』，日本能率協会マネジメントセンター。
家弓正彦監修・鈴木　準・金森　努著（2010），『広告キャリアアップシリーズ①　広告ビジネス戦略』誠文堂新光社。
家弓正彦監修・松尾　順著（2010），『広告キャリアアップシリーズ②　ブランディング戦略』誠文堂新光社。
川上徹也（2010），『ひと言で気持ちをとらえて，離さない77のテクニックキャッチコピー力の基本』日本実業出版社。
グラフィック社編集部編（2014），『テーマで学ぶ　広告コピー事典』グラフィック社。
佐藤達郎（2015），『成功事例に学ぶ8つの「効く」メソッド　「これからの広告」の教科書』かんき出版。
清水公一（1995），『広告の理論と戦略（第5版）』創成社。
清水公一（2014），『広告の理論と戦略（第18版）』創成社。
鈴木康之（2015），『名作コピーの教え』日本経済新聞出版社。
誠文堂新光社編（2015），『11人のプロフェッショナルの仕事から伝える　広告コピーの教科書』誠文堂新光社。
高橋宣行（2006），『オリジナルシンキング』ディスカヴァー・トゥエンティワン。
高橋宣行（2007），『コンセプトメイキング』ディスカヴァー・トゥエンティワン。
高橋宣行（2011），『「差別化するストーリー」の描き方　コンセプトメーカー養成塾』PHP研究所。
高橋宣行（2013），『キーメッセージのつくり方』ディスカヴァー・トゥエンティワン。
高橋秀雄（1998），『サービス業の戦略的マーケティング〔第2版〕』中央経済社。
高橋秀雄（1998），「広告の機能・効果の分析の問題について――効果のハイアラーキー・モデルを中心として――」『中京商学論叢』第44巻第1・2合併号，27～44ページ。
田村　仁（2007），『一瞬で！心をつかむ　売れるキャッチコピーの法則』秀和システム。

(社) デジタルサイネージコンソーシアム　マーケティング・ラボ部会編 (2016),『デジタルサイネージ2020』東急エージェンシー。
電通Ｓ・Ｐ・Ａ・Ｔチーム編 (2007),『買いたい空気のつくり方』ダイヤモンド社。
中山幸雄編著 (2007),『最新　CMプランナー入門』電通。
仁科貞文 (1982),「広告計画から効果測定まで」吉田政昭・仁科貞文・天野祐吉・志津野知文『広告の心理』有斐閣, 43～83ページ。
深川英雄・相沢秀一・伊藤徳三編著 (2005),『時代を映したキャッチフレーズ事典』電通。
藤澤武夫 (2004),『広告の学び方, つくり方──広告・広報の基礎理論と実際──』昭和堂。
堀内伸浩 (2012),『誰でもすぐにできる　売り上げが上がるキャッチコピーの作り方』明日香出版社。
森山晋平編 (2016),『一言で目を奪い, 心をつかむテクニック50　超分類！キャッチコピーの表現辞典』誠文堂新光社。
山川浩二・鈴木武人編 (1988),『〈用語でたどる〉広告制作ストーリー』大修館書店。
横山隆治 (2016),『CMを科学する　「視聴質」で知るCMの本当の効果とデジタルの組み合わせ方』宣伝会議。
吉田政昭・仁科貞文・天野祐吉・志津野知文 (1982),『広告の心理』有斐閣。

第3章

広告戦略としての
ポジショニング

第1節　はじめに

　広告は，有形製品やサービス製品に関する情報提供や，それらの購入への説得等を行うだけためのものではない。広告が果たす役割がいくつかあるなかで，重要な役割の1つは，広告メッセージの消費者・顧客への訴求を通じて，特定の企業に関するイメージ形成や特定の製品ブランドに関するイメージの形成をさせることである。もし，広告活動の展開を通じて，消費者・顧客の頭の中に，特定の企業や製品ブランドの良好なイメージを形成させるだけでなく，他社とは異なるそれらの独自性を明確に認識させることに成功すれば，他社と差別化できるだけでなく，場合によっては他社に対する優位性を獲得することができる。このような広告が果たすマーケティング上の役割との関連で注目されるのが，ここで取り上げるポジショニング（positioning）である。

　以下では，ポジショニングについて，広告戦略にポジショニングの概念を初めて採り入れた，ポジショニングの代表的な論者である A. Ries and J. Trout (1986) の議論を中心に検討する[1]。こうした検討を通じて，まず，広告戦略においてポジショニングがもつ意義を明らかにする。次に，Ries and Trout (1986) のポジショニングに関する議論の問題点はどういったところにあるのか，それを適用したり実施したりするさいにどのような点に留意すべきか，といったことについて明らかにすることにする。

第2節　ポジショニングとは何か

　ポジショニングについて論ずるまえに，まず，ここで問題にするポジショニングがどのようなものであるのかを明らかにする必要がある。このポジショニングの定義には様々なものがあるが，ここでは特に Ries and Trout（1986）がいう意味でのポジショニングを問題にしているので，彼らの定義を中心にしてポジショニングとは何かをみていくことにする[2]。

　G.E. Belch and M.A. Belch（1995）は，「ポジショニングの概念は，1970年代初頭に，Jack Trout と Al Ries により，広告戦略の基礎として導入されたのであり，それはクリエイティブ開発のポピュラーな基礎になった」としており，それは，「企業が同一の市場において競合している複数のブランドを有するときに，そのクリエイティブ戦略の基礎におうおうにしてなっている」としているが，彼らが述べているように，Ries and Trout によりポジショニングが広告戦略のなかに採り入れられたのであり，それはクリエイティブ開発の基礎や複数のブランドを抱えている企業にとってのクリエイティブ戦略の基礎になっているのである[3]。

　このようにポジショニングを広告戦略に採り入れた Ries and Trout（1986）が，ポジショニングをどのように定義しているのかということであるが，まず，彼らは，「ポジショニングは製品から始まる」ものであるとし，その製品は，商品の中の1つ，サービス，企業，組織，人，あなた自身であるとしている。そして彼らは，ポジショニングは「製品に対してどのようなことをするのか」ということではなく，「有望な顧客の頭の中に対してどのようなことをするのか」ということ，つまり「有望な顧客の頭の中に製品を位置づけること」であるとしている[4]。

　この Ries and Trout（1986）の定義によると，ポジショニングというのは，製品を有望な顧客の頭の中に位置づけることなのである。特に，彼らがポジショニングに関して問題にしているのは，次のようなことである。つまり，

Belch and Belch（1995）が,「標的視聴者に対してどのような広告メッセージを述べるのか,あるいは伝達するのかについての決定」であるとしているクリエイティブ戦略の遂行により決定された広告コピーやキャッチコピー等を,有望な顧客（ないし潜在的顧客）に伝達することにより訴求して,製品を有望な顧客の頭の中に位置づけるということである[5]。そしてRies and Trout（1986）によると,この概念（ポジショニング）を,「『製品ポジショニング』と呼ぶのは正しくはない」のであり,それは,「製品それ自体に何かをする」というものではないのである[6]。

　こうしたRies and Trout（1986）のポジショニングの定義に関して,問題であるとみられるのは次の点である。

　第1に,Ries and Trout（1986）の定義をみてみると,ポジショニングすべき製品に含まれるものとして,商品のなかの1つ,サービス,企業,組織,人,あなた自身,といったものを挙げており,いろいろなものが区別されることなく製品とされていることである。製品のポジショニングというのであれば,有形製品やサービス製品等の明確に消費者・顧客に提供される有形無形の製品に限定されるべきである。そして,この製品のポジショニングと区別したうえで,企業（ないし企業組織）のポジショニングを問題にすべきである。こうした点でRies and Trout（1986）の定義は不十分なものとなっているのである。

　このような問題点を解決する定義を行っているのがC.H.Lovelock（1984）である。Lovelock（1984）は,ポジショニングを,「組織及び／あるいは,その個々の製品提供を,市場における明確な場所に確立し維持する過程である」と定義しているのである[7]。この定義では,ポジショニングによって有望な顧客の頭の中に位置づけられるのは有形製品やサービス製品だけではないのであり,企業組織も有望な顧客の頭の中に同様に位置づけられることが示されている。Ries and Trout（1986）の著書をみてみると,彼らもそのなかで,有形無形の製品のポジショニングだけでなく,企業組織のポジショニングをも取り扱っているので,企業組織のポジショニングと有形無形の製品のポジショニングとを明確に区分したうえで,ポジショニングの定義を行うべきであると思わ

れる。

　第2に，Ries and Trout（1986）がポジショニングを，製品に対して何かをするというものではなくて，有望な顧客（潜在的顧客）の頭の中に製品を位置づけるものであるとしている点である。確かにポジショニングというのは，広告コピーや広告キャッチ等による訴求を通じて，有望な顧客（潜在的顧客）の頭の中に有形製品やサービス製品を位置づけるというものなのであるが，ポジショニングを実施するさいに，そうしたことと併せて製品に対して何かをしなければならなくなってくることも場合によってはあるとみられるので，製品に対して何かをするというものではないと全く言い切ってよいのかどうか疑問があるのである。

　Ries and Trout（1986）のポジショニングの定義には，こうした問題点があるが，いずれにせよポジショニングというのは，有形製品やサービス製品，企業組織に関して，例えばそれらの独自性，特徴等を明確に打ち出した広告メッセージ等を伝達して訴求することにより，有望な顧客の頭の中にそれらを位置づけること，言い換えれば市場の中にそれらを位置づけることを通じて，他社に対する差別的優位性を確保したり，自社の有形製品ないしサービス製品を他社の有形製品ないしサービス製品と差別化したりするためになされるものなのである。

　ここで参考に，Jefkins（1990）のポジショニングの定義を紹介すると，それは，「ある製品を適切な市場セグメントに狙いを定めて，適切なメディアでこのセグメントに広告を出すこと」であるとしている[8]。このJefkins（1990）の定義で重要な点は，ポジショニングが広告により形成されるものであるということなのである。ポジショニングと広告との関連は重要なポイントである。企業が，例えば，その製品ブランドや企業自体を，競合企業の製品ブランドや競合企業自体と比較して，どのようなところに自社の製品ブランドや企業ブランドの独自性があるのかを分析して明確化したとしても，それを広告コミュニケーション活動を通じて消費者・顧客に周知させることにより，消費者・顧客の頭の中に位置づけさせるための努力をしなければ，あまり意味のないことに

なってしまうからである。

第3節　ポジショニングの意義

　W.D. Perreult, Jr., J.P. Cannon and E.J. McCarthy（2011）は、「ポジショニングは、ある市場において、提案されているか、あるいは出されているブランドについて、消費者がどのように思っているか」を意味するものであるとしている(9)。そして、Perreult, Jr., Cannon and McCarthy（2011）は、「ポジショニングの問題は、市場における競争者が非常に似通っているときに特に重要である」とし、企業の特定の製品のポジショニングが成功すれば、その製品の差別化を図ることができるとしているのである(10)。

　G. Armstrong and P. Kotler（2003）は、製品ポジショニングは、「競合製品との関連で、消費者の頭の中に製品が占める場所という重要な属性に基づいて、消費者が製品を定義する仕方である」としている(11)。そして、企業が、例えばその製品が、品質や関連サービス等の点において最も優れていると位置づけるだけでなく、そうした製品を約束したとおりに消費者・顧客に提供することができれば、その製品の差別化を図ることができるとしている(12)。

　J.-N. Kapferer（2004）は、ブランドのポジショニングが、競争者との差別化を図ることに役立つものと捉えている。そして、Kapferer（2004）は、どのようなブランドなのか（ブランドが約束することやその利益）、どのような顧客に対するブランドなのか、どのようなときに消費されるブランドなのか、どのような競争者に対するブランドなのか、といった4つの質問が、製品ブランドのポジショニングに役立つものと捉えている(13)。

　以上のように、ポジショニングは、それがもし成功すれば、消費者・顧客に、ある特定の製品ブランドがどのようなものであり、それは同種の他社製品とはどこがどのように異なるのかを明確に区別して認識させることができるので、製品ブランドの差別化を図ることができるのである。もちろん、ポジショニングは企業それ自体も対象になるので、それにより企業それ自体の差別化を図る

こともできる。

　特に，サービス製品の無形性という特質から，サービス企業では，個別製品や個別製品ブランドが全く存在しないか，あるいは製造業者と比較してさほど存在しないことが多く見受けられる。こうしたサービス企業では，サービス製品のブランドのポジショニングというよりも企業ブランドやサービス施設のブランドのポジショニングを図ることの方がより重要になってくるのである。それゆえ，ホテルやテーマパークのように，ホテルのブランド名やテーマパークの名称，それらのサービス提供の独自性等を周知させることにより，ポジショニングを図っているのである。

　ところで，サービス企業のマーケティング担当者にとって，ポジショニングがなぜ重要なのかについて，M.F. Friedman（1991）はその4つの理由を挙げ，このポジショニングの実施により，以下のようなことが可能になるからであるとしている[14]。

　第1に，ありきたりの何の変哲もないコモディティとしてのサービス製品から，差別化されたサービス製品へと移行させられることである。つまり，ポジショニングをすることにより，自社のサービス製品を何らの特徴もないありふれたものから，消費者・顧客が他社のサービス製品と明確に識別できる特徴のある差別化されたサービス製品に変えることができるというのである。

　第2に，サービス企業が何をすべきなのか，それを誰に対して行うのか，どの競争者に対抗するのか，といったことに関する意思決定をさせることである。つまり，ポジショニングを行うことにより，どのような消費者・顧客に，どのような内容や品質でのサービス製品を提供するのか，競争者は誰であり，それに対してどのようにして対抗するのか，といったことに関する意思決定をすることができるというのである。つまり，サービス企業のポジショニングをすると，他のサービス企業との相対関係の分析から，自社の立ち位置が明確化されるので，他社に対してどのように対抗すべきかが分かるのである。

　第3に，ポジショニングは，サービスの購入者が，サービス製品のショッピングをするさいの負担を軽減させることである。ポジショニングを行うことに

より，消費者・顧客の頭の中に，自社のサービス製品の良好なブランド・イメージを形成させることに成功すれば，サービス製品を購入するさいの心理的な負担を軽減したり，購入しようとするサービス製品選択のさいの探索コストを低減させることができる。サービス製品は無形のものであり，事前にそれがどのようなものなのかを確かめてから購入することができないので，数あるサービス製品のなかから購入すべきサービス製品を選択しなければならないときに，ポジショニングされていて知名度の高いサービス企業のサービス製品があれば分かりやすいので選択が容易になるのである。

　第4に，最初にある地位を占めることが優位性をもたらすことである。ある特定の種類のサービス製品ブランドを業界で初めて市場導入したときに，利便性が高い，他が追随できないほどの高品質で信頼性が高いといったようなイメージ形成に成功したとする。そして，こうしたイメージを保ち，そのポジションを確立するための広告戦略を展開するとともに，優れたサービス提供を継続的に行うことができれば，業界でトップの地位を獲得することが可能になり，他の後発の競争者に対して優位に立つことができる。

　サービス企業が，ポジショニングを行うことの重要性は以上のようなところにあるのであるが，サービス企業がポジショニングを行うさいに，留意すべき点がある。サービス企業は，無形で分かりにくいことが多いサービス製品を取り扱っていることから，特定のサービス製品のポジショニングを大きく変更すると，消費者・顧客に戸惑いが生ずることがあるのである。例えば，低価格の宿泊サービスや旅行サービス製品を提供することにより，市場における自社のポジションを確立してきたサービス企業が，急に高価格帯の宿泊サービスや旅行商品の販売をするといっても，消費者・顧客にすんなりと受け入れられるとは限らないのである。有形製品であれば，目に見える実体があるので，製品の価格帯を上げても，それに伴う機能や品質の改善・向上等がしっかりと確認できれば，消費者・顧客がそれを受け入れる可能性はある。しかしながら，無形のサービス製品の場合には，一般的に目に見える実体がないところから，その機能や品質の改善・向上をはっきりと確認することが困難なので，価格帯の上

昇をすんなりと受け入れるとは限らないのである。

　サービス企業が，ポジショニングを実施することにより，以上のような利点が得られるので，サービス企業にとっても，サービス製品のブランド，サービス企業やサービス施設のポジショニングを図ることは重要である。ただし，サービス企業の場合，無形のサービス製品を対象としているところから，ポジショニングを図ることには，後で述べるような問題や困難が伴うことになる。

第4節　Ries and Trout (1986) のポジショニングに関する議論

　Ries and Trout (1986) は，以上のようなポジショニングが，様々な広告媒体，様々な製品，様々な有形製品やサービス製品の広告の氾濫により，それらの受け手である潜在的顧客が情報過多となってしまい広告の訴求による効果が減殺されるなかで，うまく潜在的顧客の頭の中に企業からの様々なメッセージを入っていかせるための方策であると捉えている[15]。つまり，Ries and Trout (1986) は，ポジショニングを用いることにより潜在的顧客の頭の中に，企業それ自体やその製品ないしサービス製品を位置づけることにより，企業からの様々なメッセージを潜在的顧客の頭の中に固着させたり，それが潜在的顧客に容易に受け入れられるようにすることができるというのである。

　Ries and Trout (1986) は，こうしたポジショニングに関して，以下のような議論を展開している[16]。

　まず，彼らは，潜在的顧客の頭の中に容易に入っていくためには，最初に顧客の頭の中に入っていくことにより，例えばある製品カテゴリーのなかで1番手の位置を占めて，1番手としてのポジショニングを確立するという方策があるという。そして，1番手としてのポジショニングの確立に関して，「広告では，そのポジションを確立した最初の製品にはかなりの利点がある」としている[17]。つまり，例えばある企業が既存の市場にはない新製品を開発するとともに，その市場への導入・浸透を成功させて，その製品分野における1番手としてのポジションを確立することができれば，企業からの様々なメッセージを潜

在的顧客の頭の中に固着させたり，それが潜在的顧客の頭の中に容易に受け入れられるようにすることができるようになるという利点や，ナンバーワン・ブランドは，それ以下のポジションのブランドと比較してより多くの長期的なマーケット・シェアが獲得できるという利点が得られるというのである[18]。

また，種々雑多な製品が氾濫するなかで，例えば人間の記憶容量には，もしそれについて聞かれたとしても特定の製品カテゴリー内のブランド名を7つぐらいしか挙げることしかできないといった具合に限界があるので，人々（ないし潜在的顧客）は様々な製品やブランドをその頭の中でランクづけることを学んできたとしている[19]。

さらに，市場において1番手としての地位を確立したリーダーのポジションの維持・強化策として，オリジナル・コンセプトの強化によりそのポジションを維持すること，新製品導入時には既存のポジションを損なわないようにブランドを複線化してマルチブランド戦略をとるようにすることや，時代の変化に適応するようにより幅広い名前でカバーしていくようにすることといったことがあるという[20]。つまり，市場において1番手としての地位を確立したリーダー企業がそのポジションを維持・強化していくためには，既に市場におけるポジションを確立している製品のポジションを強化すること，新製品を導入するときには，個々の製品ブランドがそれ独自のポジションをもつことになるので，既存の市場においてポジションを確立している他の製品のブランド名をそのまま利用してそのブランド名を付けるというのではなくて，他の新しいブランド名を付けることによりマルチブランド化を図ることや，企業が行っている活動の範囲の広がりや変化に応じて適宜に社名等を変更したり拡げたりすること等といったことを行っていく必要があるというのである。

こうしたリーダー企業に対抗するフォロワーのポジショニングに関しては，例えば製品のサイズ，高価格設定，低価格設定等といった点で他社が手掛けていない隙間を見いだしてポジションを確立していくという仕方があるとしている。つまり，フォロワーとしての企業は，リーダー企業の模倣をするのではなくて，リーダー企業が手掛けていない何らかの隙間をうまく見いだすことによ

り，その市場におけるポジションを確立する必要があるというのである[21]。

ただし，隙間が埋められてなくなってしまった場合には，隙間を見いだしてポジショニングを確立するといったことができないので，そうした場合には競合他社をリポジショニング，言い換えればポジショニングし直して，隙間を創り出すことが必要であるとしている[22]。つまり，例えば競合他社の製品をポジショニングし直すようなメッセージ等を潜在的顧客に対して伝達して，競合他社の製品が潜在的顧客の頭の中に占めているポジション，言い換えれば市場において占めているポジションに変化を起こさせて隙間を創り出し，自社の製品のポジションを確立することが必要であるというのである。

Ries and Trout (1986) はこうした議論の他に，企業や製品等に付けている名前が持っているパワー，コーポレート・アイデンティティに関する事柄，市場において既に有力なポジションを確立している製品名を新製品に流用したり，同様に市場において既に有力なポジションを確立している企業名を，買収等により獲得した企業名に流用するさいの問題点等についても論じているが，以上でみた彼らのポジショニングに関する主要な論点を紹介するだけにとどめて，これらの論点の紹介については割愛することにする[23]。

第5節　Ries and Trout (1986) のポジショニングに関する議論の意義と問題点

1　Ries and Trout (1986) のポジショニングに関する議論の意義

以上のような Ries and Trout (1986) のポジショニングに関する議論は，次のような点で意義があるといってよい。

第1に，様々な広告媒体や広告メッセージ等が氾濫しているなかで，どのようにしたらその受け手である潜在的顧客により効果的に企業からの広告メッセージをより効果的に伝達することができるのかということを問題にし，そうしたことを可能にする，より有効で実践的な方策としてポジショニングがあるということを提示した点である。つまり，広告が溢れかえるなかで，企業から

消費者・顧客に対して送られる広告メッセージが，様々な他の企業からの広告メッセージのなかに埋もれてしまい，気づかれないままで終わってしまうことがある。こうしたなかで，消費者・顧客に注目されるような独特な広告メッセージの訴求をどのようにして行うべきかを示した点で，Ries and Trout (1986) の議論には意義がある。

　第2に，さきに紹介したように，Belch and Belch (1995) が，ポジショニングの概念は Ries and Trout (1986) により広告戦略の基礎として導入され，それはクリエイティブ開発のポピュラーな基礎になったとしていることにみられるように，ポジショニングの概念が広告戦略論に導入されることにより，広告戦略論に新たな理論的基礎が提供されるとともに新たな道筋が切り開かれたという点である。特に，Ries and Trout (1986) が展開しており，先に見たリーダー企業のポジショニング，フォロワーのポジショニング，リポジショニングに関する議論は，非常に戦略的なものとなっており大変興味深いものとなっている。Ries and Trout (1986) の議論は，広告戦略論に対する多大なる寄与をしたものとして評価される。

　こうした点で，Ries and Trout (1986) のポジショニングに関する議論には意義があるといってよい。

2　Ries and Trout (1986) のポジショニングに関する議論の問題点

　Ries and Trout (1986) のポジショニングに関する議論には以上のような意義があるのであるが，それには次のような問題点があることが指摘される。

　第1に，さきにポジショニングの定義のところで述べたように，Ries and Trout (1986) のポジショニングの定義は，製品という言葉のなかに，商品の中の1つ，サービス，企業，組織，人，あなた自身，といった様々なものを混在化させたうえで，その製品を消費者・顧客の頭の中に位置づけるというものになっており，分かりにくいものになっているという問題がある。

　有形製品やサービス製品と企業組織は異なるものであるし，もともと企業組織は製品ではないので，それらを明確に区分したうえで，それぞれのポジショ

ニングを問題にするべきである。企業がポジショニングするさいには，有形製品やサービス製品のポジショニングであるか，企業組織のポジショニングであるのかのいずれかなので，これら2つのポジショニングの問題があるとすればよいのである。Ries and Trout（1986）は，有形製品やサービス製品のポジショニングだけでなく企業組織のポジショニングも取り扱っているので，これら2つの区分を明確化して定義に反映すべきである。

　ところで，こうした企業組織のポジショニングを行うことが特に必要となってくるのはサービス企業である。というのは，サービス企業の場合には，サービス製品の無形性，損なわれやすさといった特質から，ポジショニングされるべき明確な個別製品や個別製品ブランド等というものがないことが多いからである[24]。こうした個別製品や個別製品ブランド等が特にないサービス企業では，ポジショニングを行うさいに，その取り扱っているサービス製品のポジショニングというのではなくて，企業組織それ自体をポジショニングする方が適しているのである。

　第2に，さきにみたようにRies and Trout（1986）は，ポジショニングを，「製品に対してどのようなことをするのか」ということではなく，それは，「有望な顧客の頭の中に対してどのようなことをするのか」ということ，つまり「有望な顧客の頭の中に製品を位置づけること」であるとしているのであるが，この定義にみられるように，単に広告戦略の一環としてポジショニングを行うことにより潜在的顧客に企業からの広告メッセージを伝達してそれを潜在的顧客の頭の中に植えつけることを問題にして，ポジショニングの裏付けとなる実体・内容等を備えており，その実施の前提となる製品そのものや，そうした製品に対してどのようなことをするのかといったことをあまり問題にしていない点で疑問がある[25]。

　企業がポジショニングを実施していくさいには，その企業が市場に提供している有形製品やサービス製品の実体・内容等が，ポジショニングを実施することにより潜在的顧客の頭の中に植えつけようとするそれらのイメージと一致していたり，ポジショニングの裏付けとなっていたりする必要があるのではない

かと思われる[26]。企業がポジショニングを実施することにより，潜在的顧客の頭の中にその有形製品やサービス製品に対するイメージ形成を図り，それらの市場における確固たるポジションを確立しようとしても，それらの実体・内容等がそれに伴っていなければ，そうしたことを達成することはそもそも不可能なのである。要するに，ポジショニングを実施する前提として，企業の製品やサービス製品が，企業がポジショニングしようとする意図に適した何らかの属性・機能・特徴・パフォーマンス等を備えていることが必要となるのであり，もしそうした属性・機能・特徴・パフォーマンス等をその有形製品やサービス製品が備えていないというのであれば，結局は有形製品やサービス製品に対してそれらの単なる概観や表面上の改善・改良を超えた根本的な改善・改良を行う必要性が出てくることになり，製品やサービスに対してどのようなことを行うのかということを問題にしなければならなくなるとみられるのである[27]。

例えば，Belch and Belch（2009）は，ポジショニングの仕方として，製品の特性や便益によるポジショニング，①製品の価格あるいは品質によるポジショニング，②製品の用途や活用によるポジショニング，③製品の種類によるポジショニング，④製品のユーザーによるポジショニング，⑤競争者によるポジショニング，⑥文化的なシンボルによるポジショニング，⑧リポジショニングを挙げている[28]。ここでBelch and Belch（2009）の議論の詳細は紹介しないが，彼らが挙げているもののうちの製品の特性や便益，製品の価格や品質，製品の用途や活用，といったものにみられるように，製品そのものをベースとしてポジショニングがなされていることが分かる。ある製品の差別化がうまく行かない場合に，その製品に工夫・改善を加えたうえで，対象顧客層を変更するとともに，そのポジショニングを変更するということはよくあることなのである。

ある製品カテゴリーにおいて1番手としてのポジションを既に確立している企業にしても，そうしたポジションを確立することができたのは，非常に革新的な有形製品やサービス製品を他企業にいち早く先駆けて市場導入して成功を収めたり，非常に品質・機能・パフォーマンス等が優れた有形製品やサービス製品を市場に提供したりしたからであると思われるのであり，単に広告戦略と

してのポジショニングの実施のみにより，ある製品カテゴリーの市場における１番手としてのポジションを確立することができたのではないと思われるのである。そしてこうした製品戦略面での成功により，ある製品カテゴリーにおいて１番手としてのポジションを確立することができた企業では，事後的にポジショニングを実施することにより，その市場におけるポジションをさらに強化していくことができたと思われるのである。

　特に，常に均質で一定した品質での製品を提供できる製造業者とは事情が異なるサービス企業の場合には，ポジショニングの実施により単に潜在的顧客の頭の中へのサービス製品の単なるイメージ形成を図るだけでは，市場における確固たるポジションを築き上げることは製造業者の場合よりもいっそう困難なことになる。例えば，ポジショニングを実施することにより，提供しているサービス製品がどのようなものであるかを潜在的顧客に伝達して，そのイメージ形成をどれだけ図ろうとしても，それがもつ無形性，損なわれやすさ，異質性といった特質やサービス業に多く見受けられる労働集約性のゆえに，品質を維持・管理することが困難なことが多いサービス製品の品質の維持・管理がもしもうまくいっておらず，その品質にばらつきがかなり発生しており，あまり良くない品質でのサービス製品が頻繁に提供されているのであれば，消費者・顧客の間に悪い評判が口コミ等で広がっていき，ポジショニングの実施により市場におけるポジションを確立するということなどは当然のことながら不可能となってしまうであろう。

　つまり，均質で一定した有形製品の品質を比較的容易に常に維持することができる製造業者ではポジショニングを行うさいにあまりそうしたことを問題にする必要性はないのかもしれないが，無形で具体的な形というものがないサービス製品を取り扱っており，人間がサービス製品を生産して提供することが多いサービス企業では，サービス製品の品質を常に均質かつ一定に維持することが困難であり，品質にばらつきが発生しやすいので，まず常に均質で一定した品質でのサービス製品や顧客に約束したとおりのサービス製品を確実に提供することができるような態勢を整えたうえでポジショニングを実施していく必要

があるのである。もしこうしたことを問題にせず，単なるイメージ形成を意図とするポジショニングを実施したとしても顧客からの良い評判を勝ち得ることはできないので，市場における確固たるポジションを確保することはできないであろう[29]。

　要するに，サービス企業がポジショニングを実施するさいには，品質の良いサービス製品を提供するための裏付けとなるものや前提条件となるものがなければならないのである。もしそうしたものがないのであれば，サービス企業のポジショニングへの取り組みは成功しないであろう。サービス企業の場合，サービス企業やサービス製品のポジショニングを，広告の展開やそれに関連するサービス企業やサービス製品の消費者・顧客への訴求の仕方のちょっとした工夫等により行うだけでは不十分である。品質が安定しており他社にはない優れた内容のサービス製品を提供する信頼できるサービス企業という評判を，消費者・顧客から勝ち得ることも必要なのである。

　第3に，ポジショニングの実施のみによって企業や製品の市場におけるポジションが確立されるわけではないと考えられるということである。つまり，ポジショニングの実施によってのみではなくて，製品のブランド力（これは単なる広告活動の展開によって形成されるものではなく，製品にブランド力を賦与するような製品の実体・内容等があってはじめて形成されるものである），企業が保有している経済的・人的資源や技術力等，企業が形成している参入障壁（例えば，流通系列化により販路を押さえること）によっても企業や製品の市場におけるポジションが確立されるものとみられるのである。

　例えば，ある企業や製品が市場における有力なポジションを確保しているのは，単にポジショニングの実施によるだけではなく，それが数多くの販路や有力な販路を押さえていたり，独自の技術力をもっていたりしていることによるかもしれないのである。結局のところ広告戦略の一環として実施されるポジショニングは，製品のブランド力，企業が保有している経済的・人的資源や技術力等，企業が形成している参入障壁といったものを前提としてなされるものと考えられる。こうしたことは，企業がその実体的側面を全く無視してイメー

ジ形成だけを狙ったポジショニングを実施したとしても，市場ないし潜在的顧客に受け入れられはしないということを考えてみれば容易に理解されることである。むしろポジショニングは，企業の実体的側面を前提としながら，有形製品やサービス製品，企業組織の独自性等はどういったところにあるのかを明確に打ち出した広告コピー，キャッチコピー等を伝達して訴求するといったことにより行う方がより有効に実施されるであろう。

　第4に，ポジショニングの実施により市場における地位を確立することができるのは，しょせんは大企業や中堅企業クラス以上の企業であるとみられるのであり，それ以外の中小零細な企業ではポジショニングの実施を行うことがなかなか困難であるとみられるということである。例えばRies and Trout (1986) が行っているリーダー企業のポジショニング，フォロワーとしての企業のポジショニング，リポジショニングに関する議論は業界で10位以内に入るような知名度の高い大企業や優れた有形製品，サービス製品や技術等をもっている中堅クラス以上の企業に主として当てはまるものであると思われるのである。本来，テレビ，ラジオ，新聞，雑誌といったマス媒体を利用した広告により大々的にポジショニングを実施することができるのは，資金力，ブランド力等があり，その活動範囲が非常に広範な大企業や中堅クラス以上の企業に限られるのであり，資金力に限界があったり，その活動・営業範囲が限定されていたりすることが多い中小零細企業では，特にマス媒体を利用した全国広告はそもそもあまり行われていないし，ポジショニングの対象とすべき有力なブランド等をもっていないことが多いであろう。こうした点で，Ries and Trout (1986) の議論が妥当する範囲は限定されたものとなってくるとみられるのである。

　つまり，Ries and Trout (1986) の議論は，業界やある製品カテゴリーにおける1番手としてのポジションを確立しているリーダー企業がどのようにしてそのポジションを維持したり強化していくのか，業界やある製品カテゴリーにおいて2位から10位以内ぐらいのポジションを占めているフォロワーとしての有力企業がどのようにしてリーダー企業と対抗していくのか，また中堅クラス

以上の企業がどのようにして大企業が手掛けていない隙間を見いだして存続・成長を図るのかといったことに主として関わるものであるとみられるのであり，こうした企業以外の中小零細企業にはそれはあまり関係するものではないとみられるのである。

　Ries and Trout（1986）のポジショニングに関する議論には以上のような問題点が指摘されるので，彼らの議論を広告戦略に適用し，ポジショニングを実施しようとするときには，こうした点に留意して適用・実施を図る必要があるであろう。

第6節　おわりに

　ここでは Ries and Trout（1986）のポジショニングに関する議論を検討してきたが，以上で行ってきた議論のまとめをすると次のようになる。

　まず，ポジショニングの意義であるが，それがもし成功すれば，消費者・顧客に，ある特定の製品ブランドの特徴やメリットを，他社製品と明確に区別して認識させることができるので，製品ブランドの差別化を図ることができる。また，企業それ自体の差別化を図るさいにもポジショニングを適用することもできるので，企業にとってポジショニングは差別化を図るさいの重要な手段なのである。

　まず，Ries and Trout（1986）のポジショニングの定義については，製品という言葉のなかに性質の異なる様々なものを混在させてしまっている点で問題がある。特に，有形製品やサービス製品のポジショニングと企業組織のポジショニングを明確に区別していない点が問題であり，本来はこれらを明確に区別したうえで定義を行う必要がある。こうしたことに加えて，Ries and Trout（1986）が，その定義のなかでポジショニングが製品に対して何かをするというものではないとしている点に問題があると思われるのであり，全くそう言い切ってよいのかどうか疑問があるのである。

　次に，Ries and Trout（1986）のポジショニングに関する議論は，それが潜

在的顧客（有望な顧客）に企業からの広告メッセージをより効果的に伝達することができるようにするための，より有効で実践的な方策を提示したり，広告戦略論に新たな理論的基礎を提供するとともに新たな道筋を切り開いたりした点で評価されるのであるが，それには様々な問題点が指摘されるので，彼らの議論を広告戦略に適用し，ポジショニングを実施しようとするときには，そうした点について留意したうえで適用すべきである。

つまり，ポジショニングを行うさいに，広告メッセージを潜在的顧客の頭の中に植えつけるということばかりを問題にして，ポジショニングの裏付けとなる実体・内容等を備える製品の方をあまり問題にしないということはないように留意すべきである。そして，ポジショニングの実施のみによって企業や製品の市場におけるポジションが確立されるわけではなく，それは製品のブランド力，企業が保有している経済的・人的資源や技術力等，企業が形成している参入障壁といったものによっても確立されるという点に留意する必要がある。また，ポジショニングの実施により市場における地位を確立することができるのは，しょせんは資金力，ブランド力等があり，広告戦略を大々的に実施することができる大企業や中堅企業クラス以上の企業であるとみられるので，そうした意味でその適用範囲が限られてくることにも留意する必要がある。

企業が Ries and Trout（1986）のいうような意味でのポジショニングを実施していくさいには，あまりにもそれによる潜在的顧客の頭の中へのイメージ形成ばかりに気を取られてはならないし，企業組織，企業が保有している諸資源や技術力，製品，企業が形成している外的な諸関係等といった実体的な側面をあまり踏まえておらず，そうしたことからあまりにもかけ離れたようなかたちでのポジショニングを実施してはならない。企業がポジショニングを実施するさいには，そうした実体的側面をも踏まえて，地に足が着いたかたちでポジショニングを行っていく必要がある。企業の市場におけるポジションは，広告戦略としてのポジショニングの実施によってのみ確立されるものではないし，特にサービス企業ではその実体的側面を無視したり，それからあまりにかけ離れたりしたかたちでポジショニングを実施することには，顧客からの苦情，ク

レームの噴出というかなりのリスクを負うことになってしまうのであるから。

●注

(1) ここでは Ries and Trout のポジショニングに関する議論について，彼らの次の著書である Ries and Trout（1986）にある議論を中心に検討していくことにする。なお，ここでは取り上げないが，この著書のなかで展開された議論のなかのいくつかは，Ries and Trout（1993）のなかで法則化，定式化されているので参照されたい。

(2) ここでは，Ries and Trout（1986）のポジショニングの定義と他の2つの定義の合計3つのもの取り上げるが，これら以外にもポジショニングには様々な定義がある。例えば，Rossiter and Percy（1987）はポジショニングは，標的とする視聴者，ブランドのカテゴリー・ニーズ，ベネフィットの提供の3つにより定義されるものであるとしている。また，Belch and Belch（1995）は，「競争から意義深く切り離されるような仕方で，1つあるいはそれ以上の市場のセグメントに製品あるいはサービスを適合させる技術あるいは科学」であると定義している。このようにポジショニングの定義には様々なものがあるのであり，Ries and Trout（1986）の定義はそうしたもののなかの1つなのである。Rossiter and Percy（1987），pp.183-185 と Belch and Belch,（1995），p.715 を参照のこと。

(3) Belch and Belch（1995），p.283.

(4) Ries and Trout（1986），pp.2-3，邦訳，3ページ。

(5) Belch and Belch（1995），p.709.

(6) Ries and Trout（1986），p.2，邦訳，3ページ。

(7) Lovelock（1984），p.134.
　　なお，付け加えておくと，日経広告研究所編（1992）のなかでポジショニングは，「市場における企業，商品，ブランドなどの位置付けを行うこと」であると定義しており，製品だけでなく，企業組織ないし企業それ自体もポジショニングされることを認めている。日経広告研究所編（1992），143ページを参照のこと。

(8) Jefkins（1990），p.163.

(9) Perreult, Jr., Cannon and McCarthy（2011），p.110.

(10) *Ibid.*, p.110.
(11) Armstrong and Kotler (2003), p.260.
(12) *Ibid.*, p.261.
(13) Kapferer (2004), p.99.
(14) Friedman (1991), pp.41-44.
(15) Ries and Trout (1986), pp.11-18, 邦訳, 12～22 ページを参照のこと。
(16) 以下の議論は, Ries and Trout (1986) に基づく。
(17) *Ibid.*, p.22, 邦訳, 27 ページ。
(18) *Ibid.*, p.43, 邦訳, 53 ページ。
(19) *Ibid.*, pp.30-32, 邦訳, 37～39 ページ。
(20) *Ibid.*, pp.43-51, 邦訳, 53～65 ページ。
(21) *Ibid.*, pp.53-60, 邦訳, 66～76 ページ。
(22) *Ibid.*, pp.61-69, 邦訳, 77～88 ページ。
(23) これらのここで特に紹介しない点については, さきに掲げた Ries and Trout (1986) を参照のこと。
(24) サービス製品がもつ特質については, 次のものを参照のこと。高橋 (1998), 8～10 ページ。
(25) Rise and Trout, pp.2-3, 邦訳, 3 ページ。
(26) Belch and Belch (1995) は, 「ポジショニングは明確な属性に基づいてなされ得るので, ポジショニングと独特の販売提起アプローチはオーバーラップし得る」と述べ, 例えば彼らが製品の属性として挙げている価格・品質・用途ないし適用・製品のユーザー・製品のクラスといったものに基づいてポジショニングがなされるものと捉えている (P.283, pp.143-146)。このように Belch and Belch (1995) も, 製品の属性といった特に製品のポジショニングを行うさいの裏付けとなるものがあることを認めているのである。ただし, Belch and Belch (1995) の捉え方は, 製品のポジショニングを行うさいの裏付けとなるものには製品の価格・品質・用途ないし適用・製品のユーザー・製品のクラスといった属性があるだけでなく製品の特徴・機能・パフォーマンス等といった他のものもあるという認識がされていない点と, 企業組織のポジショニングを問題にしてその裏付けとなるものは何かということを問題にしていない点で不十分なものになっている。
(27) Ries and Trout (1986) は, ポジショニングが製品に変化を起こさせることを認めているが, 彼らによればそうした製品の変化は, 彼らが化粧みたいな

変化と呼んでいるところの製品の名称，価格，パッケージといった製品そのものの根本的な変化には関わらない外見上の変化であるという。Ries and Trout (1986) が述べているように，確かにポジショニングが製品の外見上の変化しか引き起こさない場合がみられるであろうが，ポジショニングの実施に伴い，製品のそうした外見上の変化を超えた根本的な変化を行わなわなければならなくなってくる場合も同様にみられるのであり，単なる外見上の変化だけでは済まなくなってくる場合があるのである。例えば，航空会社が定時の発着時間を遵守すること，乗り継ぎの便を良くすること，利用客への歓待的な雰囲気での機内サービスの提供といったことを潜在的利用客にアピールすることにより自社の航空旅客輸送サービス製品をポジショニングしようとするさいに，もしそうしたことが実際に達成されていなければ，その航空旅客輸送サービス製品とその提供の仕方等についての根本的な見直しをする必要が生じてくることになるのである。Ries and Trout (1986), p.2, 邦訳 3 ページを参照のこと。

(28) Belch and Belch (2009), pp.57-59.
(29) Ries and Trout (1986) は，「あらゆる広告の 1 つの主要な目的は，期待を高めることである。製品やサービスが，あなたが期待する奇跡を成し遂げるという錯覚を創り出すことである」と述べているが，常に一定した品質の製品を提供できる製造業とは事情が異なるサービス製品の場合には特に，単に顧客の期待を高めたり錯覚を創り出したりするようなイメージ重視の広告やポジショニングを実施するだけで，実際にはそうした期待等に見合うようなサービス製品が顧客に提供されないということになると，誇大広告や虚偽の広告を行ったとして問題になってしまうであろう。Ries and Trout (1986), p. 30, 邦訳, 36 ページを参照のこと。

参考文献

Aaker, D.A. and A.L. Biel (eds.) (1993), *Brand Equity & Advertising : Advertising's Role in Building Strong Brands*, Lawrence Erlbaum Associates, Publishers.

Armstrong, G. and P. Kotler (2003), *Principles of Marketing*, 10th ed., Prentice Hall.

Belch, G.E. and M.A. Belch (1995), *Introduction to Adevertising and Promotion : An Integrated Marketing Communications Perspective*, 3rd ed., Richard D. Irwin.

Belch, G. E. and M. A. Belch (2004), *Advertising and Promotion : An Integrated Marketing Commnunications*, 6th ed., McGraw-Hill/Irwin.

Belch, G. E. and M. A. Belch (2009), *Adevertising and Promotion : An Integrated Marketing Communications Perspective*. 8th ed., McGraw-Hill/Irwin.

Congram, C.A. (ed.), M.L. Friedman (Associate ed.) (1991), *The AMA Handbook of Marketing for the Service Industries*, AMACOM.

Friedman, M.L. (1991), "Positioning Strategies for Differential Advantage," in C.A. Congram (ed.), M.L. Friedman (Associate ed.) (1991), pp.39-53.

Rossiter, J. R. and L. Percy (1987), *Advertising and Promotion Management*, McGraw-Hill Book Company.

Jefkins, F. (1990), *Dictionary of Advertising : Including Direct Marketing and Sales Promotion*, Pitman Publishing.

Kapferer, J.-N. (2004), *The New Strategic Brand Management : Creating and Sustaining Brand Equity Long Term*, 3rd ed., Kogan Page.

Lovelock, C. H. (1984), *Services Marketing : Text, Cases, & Readings*, 1st ed., Prentice-Hall, Inc.

Perreult, Jr., W. D., J. P. Cannon and E. J. McCarthy (2011), *Basic Marketing : A Marketing Strategy Planning Approach*, 18th ed., McGraw-Hill/Irwin.

Ries, A. and J. Trout (1986), *Positioning : The Battle for Your Mind*, first edition-revised, McGraw-Hill Book Company.（小林太三郎監修, 嶋村和恵・西田俊子訳『ポジショニング――情報過多社会を制する新しい発想』電通, 1987年。)

　なお, Ries, A. and J. Trout のこの著書は, 2001年に版を改めて出版されており, その翻訳も出版されている。それは次のものである。A. Ries and J. Trout (2001), *Positioning : The Battle for Your Mind*, The McGgraw-Hill Companies, Inc.（川上純子訳『ポジショニング戦略〔新版〕』海と月社, 2008年。)

　このように版が異なったものが出版されているのであるが, ここでは1986年出版の原著に依拠していることを付け加えておく。

Ries, A. and J. Trout (1993), *The 22 Immutrable Laws of Marketing*, HarperBusiness.（新井喜美夫訳『マーケティング22の法則』東急エージェンシー出版部, 1994年。)

Rossiter, J. R. and L. Percy (1987), *Advertising and Promotion Management*, McGraw-Hill Book Company.

Trout, J. with S. Rivkin (1996), *The New Positioning : The Latest on the World's #1*

Business Strategy, The McGraw-Hill Companies, Inc.（新井喜美夫訳『ニューポジショニングの法則──勝つブランド　負けるブランド』東急エージェンシー出版部，1997年。）

Trout, J. with S. Rivkin（2009），*Repositioning : Marketing in an Era of Competition, Change and Crisis*, The McGraw-Hill Companies Inc.（宮脇貴栄訳『リ・ポジショニング戦略』翔泳社，2010年。）

榎本　宏（1986），『売れる広告・買わせる広告』同文舘出版。

大城勝浩・髙山英男・波田浩之（2004），『図解ビジネス実務事典　広告』，日本能率協会マネジメントセンター。

酒井光雄編著・武田雅之著（2013），『成功事例に学ぶ　マーケティング戦略の教科書』かんき出版。

菅原正博・山本ひとみ・大島一豊（2010），『新世代マーケティング　企業ブランディング』中央経済社。

髙橋秀雄（1997），「広告戦略としてのポジショニングについて」『中京商学論叢』第43巻第2号，25～41ページ。

髙橋秀雄（1998），『サービス業の戦略的マーケティング〔第2版〕』中央経済社。

日経広告研究所編（1992），『広告用語辞典〈第2版〉』，日本経済新聞社。

日経広告研究所編（2005），『広告用語辞典〈第4版〉』，日本経済新聞社。

榛沢明浩（2001），『ブランドマネジメント』東洋経済新報社。

丸山謙治（2016），『競争としてのマーケティング』総合法令出版。

第4章

インターネット広告の展開とその問題

第1節　はじめに

　わが国におけるインターネット広告の市場規模は拡大を続けており，インターネットという広告媒体を利用した広告のウェイトは高まってきている。特に，スマートフォンの普及に伴い，パソコン向けの広告よりもスマートフォン向けの広告の方に注目が集まっている[1]。ここでは，こうしたその重要性が高まってきているインターネット広告に関して次のようなことに関する検討を行う。

　まず，テレビのような旧来からのメディアとは異なるインターネット広告の特徴やメリットはどこにあるのかを検討する。インターネットが広告媒体として広範に活用されるようになったのは，それに他の広告媒体にはない特徴やメリットがあるからに他ならないからである。

　そして，その広告媒体としての到達範囲，露出頻度，影響等はどのようであるのかについてもみていくことにする。

　次に，インターネット広告の種類について，その代表的なものには何があるのかを示すとともに，その多様化が進んでいることを明らかにする。

　また，インターネットと他の広告媒体とを調整された仕方で組み合わせることにより，相乗効果を得ようとして展開されるクロスメディアについて検討し，クロスメディアをどのように捉え用いるべきかを検討することにする。

　さらに，インターネット広告を展開するさいの問題点について検討する。イ

ンターネット広告の進展に伴って，インターネット・ユーザーのプライバシー侵害への懸念，やらせのステルスマーケティングの問題，ジャンクメールの送信等の問題が出てきている。こうしたインターネット広告のネガティブな側面についても検討し，インターネット広告がどのようにあるべきかを検討することにする。

　最後に，インターネット広告の登場は，どのように広告業界のあり方を変えたのか，どのような影響を広告業界に与えたのかをみていくことにする。

　以上のような検討を行うことにより，インターネット広告がどのようなものであるのかを概観することにする。

第2節　インターネット広告の特徴と種類

1　インターネットとは何か

　インターネットとはどのようなものであるのかということであるが，経済企画協会編・経済企画庁監修（1995）のなかでは，それは広義の意味では，「コンピュータ・ネットワークどうしをネットワーク接続したもの」をいい，1990年代半ば当時に話題となりマスコミを賑わしていたインターネットは「The Internet」と呼ばれる「狭義のインターネット」のことであるとしている[2]。ここで問題にするインターネットというのは，狭義の意味におけるものであり，それは一般的に，1969年に開発されたアメリカ国防総省の高等研究開発局（ARPA）のARPAネットがその起源といわれているものである。インターネットはこうした起源をもつところから，軍事用の情報ネットワークからインターネットが発展したものであるといわれているのであるが，村井　純（1995）のように，ARPAネットは研究用ネットワークであったとする向きもある[3]。このインターネットは，よくネットワークのネットワークといわれるように，単なるコンピュータ通信ネットワークではなくて，全世界的な拡がりをもつコンピュータ通信ネットワークである。そしてこのネットワークは，特

定の者により管理されてはいない，自生的なネットワークであり，TCP/IP というプロトコル（通信制御手順）の利用により，様々なネットワークをインターネットにつなげることができるものとされている[4]。

インターネットは，元来は研究（文献や情報の検索，研究者間での電子メールのやりとり），個人間や企業間での電子メールのやりとり等に用いられるものであったが，現在では，各種の電子商取引，インターネット広告等にみられるように，その商業利用が拡大してきている。特に，インターネットの商業利用が話題になるようになったのは，インターネットに FTP（File Transfer Protocol），Gopher 等に加えて WWW（World Wide Web）が登場してからであり，これによりテキスト形式のデータ・ファイルしか取り扱えなかったのが，画像，動画，音声等も併せて取り扱えるようになったのである[5]。

特にインターネットの広告媒体としての利用についていえば，その利用が急速に進展したのは，企業や機関等が，ネット広告により低コストで広範囲にわたる情報発信を手軽にできるからであるとみられる。最近では，ブログ，SNS 等のソーシャルメディアの発展，ブロードバンド化の進展による動画配信の利用拡大等により，インターネット広告の在り方が大きく変化してきている。また，インターネット広告の重要性が高まってきており，テレビ広告に次いで利用される広告媒体となっている。また，インターネット広告を閲覧するために利用する端末機にも変化が生じてきており，パソコンを利用するというやり方に加えて，スマートフォンやタブレット端末等のモバイル端末を利用するやり方が拡大してきているのである。この利用端末の変化は，広告の制作の仕方に影響を与えることになり，インターネット広告のスマートフォン対応が必要になっている。

2　インターネット広告の特徴やメリット

インターネットという広告媒体は，従来からのテレビ，ラジオ，新聞，雑誌等の広告媒体とは異なるどのような特徴をもっているのであろうか。このインターネット広告の特徴は，インターネット広告のメリット（長所）として説明

されることもあるので，インターネット広告の特徴やメリットとして，どのようなものが様々な論者により挙げられているのかをみていくことにしよう。

この広告媒体としてのインターネットがもっている特徴やメリットにはどのようなものがあるのかということについて，村井（1995），黒田　豊（1995），戸田　覚（1996），前野和久・オンラインジャーナル編集部編（1995b），日本経済新聞社編（1994），徳久昭彦・永松範之編著（2016），McMillan（2012）といった論者が述べていることを中心にみてみることにしよう。

このインターネット広告の特徴やメリットについて，インターネットの商業利用が本格化した1990年代半ばに展開された議論からみていくことにする。

村井（1995）は，インターネットにより世界中の人々に広告の情報を発信できること，消費者を個別に双方向性をもって相手にすることができること，双方向性のゆえに広告にアクセスしてきた人々の記録をとることができることを挙げている[6]。

黒田（1995）は，全世界の人々を相手にうまく広告することができれば効率がよいこと，インターネット・ユーザーがどのような広告に興味をもったのか，どれを見たのかを簡単に分かることを挙げている[7]。

戸田（1996）が，インターネット広告のメリットとして挙げているもののうちインターネット広告の特徴といえるのは，インタラクティブ（双方向性），世界中に情報発信ができること，ターゲットユーザーが明確なこと，巨大な情報が扱えること，といったものである[8]。

前野・オンラインジャーナル編集部編（1995b）は，情報量に制約はなく，文字・静止画・音声・動画により詳細な情報を発信できるとしている[9]。

日本経済新聞社編（1994）は，特にインターネットというコンピュータネットワークを利用した広告が，広告情報を消費者に伝達する費用が格段に安く済むこと，広告の標的を絞り込んだ広告が実現すること，広告代理店抜きで広告を制作することができること，といった点で，従来からの広告の在り方を変えてしまうとしている[10]。こうしたところから，日本経済新聞社編（1994）では，インターネット広告のメリットとして，広告費用の低減，標的を絞り込んだ広

告の実施，広告会社の中抜きが可能なこと，といったものがあると捉えているものとみられる。

以上がインターネットが普及し始めた1990年代半ば頃の議論であるが，インターネットがかなり普及した2010年以降の議論をみてみると，次のようになっている。

徳久・永松編著（2016）は，インターネット広告の特徴として，①ターゲティング（つまり，ターゲットを絞り込んだ広告ができること），②双方向性（これにより相互作用的な広告ができること），③効果測定（リアルタイムで正確な効果測定ができること）を挙げている[11]。このように，徳久・永松編著（2016）の議論の中身は，1990年代半ば頃になされたものとさほど変わりはないといえる。

McMillan（2012）は，インターネット広告と，テレビ広告，新聞広告等の伝統的な広告とを比較して，インターネット広告には次のような特徴があるとしている。つまり，①インターネットは，効果のハイアラーキーを圧縮すること，②相互作用を可能にした最初の広範に利用可能なメディアであること，③ユーザーのオンライン経験の中断という意味での侵入（ポップアップ広告やポップアンダー広告等による）の問題があること，④非常に個人化されたコミュニケーションを可能にし，ワントゥーワン・マーケティングを可能にしたことの4つを挙げている[12]。

これらのなかの効果のハイアラーキーの圧縮というのは，先述のように，広告メッセージが，その訴求対象となる消費者・顧客に影響を及ぼすことにより生み出される認知→知識→好み→選択→確信→購入といった広告効果（第2章で検討した効果のハイアラーキー・モデル）が，インターネット広告では，認知→広告先のサイトへの訪問といった具合に短縮化されるということである[13]。この点以外の，相互作用的なメディア，各インターネット・ユーザーに個別に対応することができるという点は，1990年代半ばの議論とさほど変わらないが，ポップアップ広告やポップアンダー広告により，インターネットユーザーのウェブページの検索・閲覧等が中断されるというネガティブなことを挙げてい

る点では変わっている。

　以上の様々な論者が述べていることを検討してみると，次のようなことがいえる。

　第1に，インターネットにより世界中の人々に広告の情報を発信できたり，そうしたことがうまくできれば効率がよいという点についてであるが，こうしたことについては，広告メッセージが日本語で書かれていては世界に通用しないという問題があるし，そもそも全世界の市場をその製品やサービスのターゲットにしている企業でなければそういうことを問題にしてもあまり意味がないといえる。また，広告は，その製品やサービスが標的とするターゲットに効率的に到達すればよいのであり，必ずしも全世界のあらゆる人々に向けて発信する必要性はない。例えば，特定の地域に立脚し，そこで活動している企業では，対象とする地理的範囲内に効果的に広告メッセージが到達すればよいのである。

　第2に，消費者を双方向性をもって相手にすることができることから，広告にアクセスしてきた人々の記録をとることができることという点についてであるが，こうしたことは確かにメリットではあるが，家庭にあるパソコンや専用端末等により，インターネットを特定の個人のみというのではなくて家族ぐるみで使用する場合には，広告を見た相手先を必ずしも正確に特定し記録することができない場合がある。つまり，インターネットには，いうまでもなく匿名性という問題があるのである。インターネットは，たしかに双方向性のあるインタラクティブな媒体なのであるが，しょせんは対面接触によるものでないので，完全に相手先を特定することはできないのである。

　第3に，インターネットによる広告の場合，情報量に制約はなく，文字・静止画・音声・動画により詳細な情報を発信できることについてであるが，インターネットによる広告の場合には，たしかに情報量に制約はないのであろうが，そうしたことを利用してあまりに長大な広告をしても，それを閲覧する側のインターネット・ユーザーにとっては，よほどその広告内容に興味がないかぎり，広告の閲覧に時間と手間が掛かるだけということにもなりかねない危険性があ

る。さらに，動画等を駆使した重たい広告の提示により，パソコン等に余計な負荷がかかることはインターネット・ユーザーにとってあまり有り難いことではない。ただし，テレビ広告，新聞広告，雑誌広告よりも詳細な情報の伝達ができることはメリットである。

　インターネット・ユーザーは，ウェブページの閲覧やウェブコンテンツの利用に専ら関心があるのであり，特定の有形製品やサービス製品に関心がある場合や，有形製品やサービス製品を購入するために情報検索するときは別として，わざわざネット広告を時間をかけて閲覧することはないのである。また，文字・静止画・音声・動画により広告を行うことができることはメリットであるといえるが，こうしたことは何もインターネットでないと行うことができないというものではなく通常のテレビでも行うことができるものであり，インターネットによる広告特有のメリットではない。

　第4に，広告情報を消費者に伝達する費用が格段に安く済むことについてであるが，この点については，インターネット・ユーザーである消費者が広告を，自分で利用端末を用意したうえで通信料金等を負担することにより見ることになるので，その分負担が軽減され安くつくというメリットが得られるといってよい。

　第5に，広告の標的を絞り込んだ広告が実現することであるが，これについてはインターネット・ユーザー層に限定されているので，そうした限定された層のみを初めから標的としているということであれば特に問題はないのであるが，それ以外の層を標的としている場合には広告メッセージを到達させることができず，そうしたことは実現しないのである。また，特定の層に標的を絞り込んだ広告というのは，例えば，特定の読者層を対象としている雑誌等に広告を掲載すればそうしたことを実現することができるので，何もインターネット広告でしかそうしたことが実現しないというものではない。ただ，個々のインターネット・ユーザーの関心に合わせて，雑誌広告よりもきめ細やかなインターネット広告の展開ができるという点ではメリットがある。

　ここで，インターネット広告のメリットに関して述べてきたことをまとめる

と，インターネット広告のメリットとして挙げられているもののうち，双方向性によりアクセスしてきた人々の記録をとることができること，在来の広告媒体よりも詳細な情報の伝達ができること，広告情報を消費者に伝達する費用が格段に安く済むこと，きめ細やかなインターネット広告の展開についてはたしかにメリットといえるであろうが，これら以外のものに関しては果たしてメリットといえるのかどうか疑問があるということである。いずれにせよ，双方向性，より詳細な情報の伝達ができること，低コスト性，きめ細やかな広告展開が可能なことは，インターネットという広告媒体を利用するメリットであるといってよい。

3　インターネット広告の到達範囲，露出頻度，影響

Kotler（1980）は，広告媒体のそれぞれは，到達範囲，露出頻度，影響といった点で相互に異なっていると述べているが，このKotler（1980）の議論に依拠しつつインターネット広告の場合，その到達範囲，露出頻度，影響がどのようになっているのかを検討してみると，次のようになる[14]。

まず，到達範囲であるが，インターネット広告は，村井（1985）が述べていることからすると到達範囲が広いということになるが，テレビ広告のように非常に広範囲に到達することはなく，インターネット・ユーザー層しか閲覧しないので，やや到達範囲の広さが制限されることになる。

次に，露出頻度であるが，ウェブページ上の様々な種類の広告については，インターネット・ユーザーがそのウェブページにアクセスして広告（動画，静止画。音声，テキスト等による）を見なければ広告が露出されないので，露出頻度はあまり高くない。ただし，ポップアップ広告のように，急にウェブページ閲覧中等に現れてくるものもあるので，その場合には露出頻度を増加させることができるかもしれない。ただし，このポップアップ広告が現れるのをインターネット・ユーザーが阻止することが可能であるし，そもそも現れても，その広告内容を閲覧するとは限らないのである。

また，影響については，文字・静止画・音声・動画により広告情報が発信で

きるところから、テレビが与えるのと同様な影響を視聴者としてのインターネット・ユーザーに与え得るものとみられる。つまり、Kotler (1980) が、「テレビは、視覚、音声、そして動きの組み合わせの利点、つまり感覚に訴えたり、非常に注意を引いたり」するという利点を持っていると述べていることがインターネットの場合にも当てはまるとみられる[15]。ただし、インターネットの場合には、テレビが視聴者に与えるのと同様な影響をもつだけでなく、文字、写真等により詳しい広告情報をインターネット・ユーザーに伝達することもできるという点で異なっている。また、テレビ広告のように、すぐに消え去っていかないので、じっくりと閲覧することができる。

広告媒体としてのインターネットの到達範囲、露出頻度、影響については以上の通りであるが、それによる広告は、インターネット・ユーザーが、通信費用を自ら負担して様々な広告主の広告を閲覧することになるので、広告主が広告メッセージを低コストで伝達することができる。

4 インターネット広告の種類

Belch and Belch (2009) は、インターネット広告の種類として、①バナー広告、②スポンサーシップ、③ポップアップ広告とポップアンダー広告、④インタースティシャル広告、⑤プッシュ技術（プッシュ技術によるプッシュ型広告、ウェブキャスティング）、⑥リンク、⑦ペイドサーチ、⑧行動ターゲティング、⑨コンテキスト広告、⑩リッチメディア（オンライン広告、ビデオオンデマンド、ウェビソード、その他）、⑪その他（ポッドキャスティング、RSS、ブログ）を挙げている[16]。

徳久・永松編著 (2016) は、インターネット広告の種類として、①ディスプレイ広告（テキスト広告、バナー広告）、②ビデオ広告（インストリーム、アウトストリーム）、③リスティング広告（検索連動型広告、ネットワーク型広告）、④ネイティブ広告（インフィード広告、レコメンドウィジェット）、⑤メール広告（メールマガジン広告、ターゲティングメール）を挙げている[17]。

インターネット広告には以上のように、様々な種類のものがあり、論者に

よって様々な分類がなされている。インターネット広告の展開が始まった初期の頃は，文字（テキスト）中心のテキスト広告，ウェブページの中の四角く囲まれた領域に文字や画像等による広告を掲載するバナー広告，単純な電子メール広告が中心であったが，その後，検索キーワード等と連動した検索連動型広告，相互作用的で動画や音声等を利用したリッチメディア広告，動画・音声を利用したビデオ広告，ウェブページに溶け込ませたネイティブ広告，インターネット・ユーザーが閲覧しているウェブページの内容に関連した広告を提示するコンテキスト広告などがそれらに加わっているのであり，かなり多様化が進んでいる。

第3節　インターネット広告とクロスメディア

　特定の有形製品やサービス製品等の広告活動を展開するとき，場合によっては複数の広告媒体を組み合わせて利用することがある。このさいに利用するメディアの単純な組み合わせのことをメディア・ミックスというが，近年，単なる複数メディアの組み合わせでは，広告活動展開のさいのコストパフォーマンスがよくないし，複数メディアを組み合わせて利用することによるシナジー効果が得られないところから，クロスメディアという考え方が現れてきた[18]。広告活動のクロスメディア展開というのは，例えば，テレビ CM での特定の製品に関する広告メッセージの訴求・告知→視聴者がさらに詳細な情報を得るために必要なネット広告の展開やテレビ CM が対象とする製品やブランドに関連したウェブサイトへの誘導，といった具合に複数の広告媒体の相互関連性を考慮に入れて広告活動を展開することである。特定の製品を広告するさい，テレビ CM でその製品の告知やそれに関心を持たせる広告を展開したうえで，その製品のブランドサイトへと視聴者を誘導し，その製品の利便性や使用法等についての詳細な情報を文字，静止画，動画等により提供することは効果的である。

　ただし，特定の製品に関する広告活動を展開するときに，このようなクロス

メディアの手法を利用することができるが，複数の広告媒体を調整したうえで組み合わせて利用するクロスメディアだけで製品の大がかりな販売促進を行おうとすることには限界がある。新製品の広告キャンペーンによる販売促進活動をもっと大々的に展開しようとするさいには，第1章で触れた統合マーケティング・コミュニケーション活動を展開する必要がある。

　つまり，テレビ，ラジオ，新聞，雑誌，インターネット等の各広告媒体の相互関連性を考慮に入れて広告活動を計画し実施するだけでなく，広告活動と連動して展開する販売促進イベントの開催，サンプルの配布，販売員活動の展開等の販売促進活動との調整を図り，統合マーケティング・コミュニケーション活動として展開する必要性が，大々的な広告キャンペーン活動を展開する場合にはあるのである。要するに，大がかりな製品の販売促進活動を展開するさいには，クロスメディア展開は，統合マーケティング・コミュニケーション活動のなかの一部をなすものでしかないのである。複数の広告媒体の相互関連性とシナジー効果を念頭に置いたクロスメディア展開だけでは，必ずしもプロモーション効果が十分ではないところから，例えば，販売促進イベントの開催，サンプリング，販売店における店頭プロモーション等も組み合わせて用いることがあるので，統合マーケティング・コミュニケーション活動との関連で考えることが必要ではないかと思われる。ただし，先述のように，ごく簡単な広告展開の場合には，統合マーケティング・コミュニケーション活動をすることは必要ないし，場合によってはクロスメディア展開も必要でない。

第4節　インターネット広告を展開するさいの問題点

　広告主や広告会社にとっては，インターネットの特性やアドテクノロジーを利用して，効果的なインターネット広告を行うことができる。ただし，配信されてくるインターネット広告を閲覧する消費者にとっては，便利なことがある反面でプライバシー侵害等に関する不安がつきまとう。つまり，インターネット広告には，便利な点があるものの問題点もあるのである。

また，消費者が，インターネット上に口コミ情報を書き込んで発信するといったことが広がってきてことを受けて，そうした消費者（特に他の人達に影響力のある人達）に働きかけて，自社に有利な口コミ情報を流そうとする試みがなされることである。

　以下では，このようなインターネット広告を展開するさいの問題点についてみていくことにする。

　第1に，インターネット・ユーザーは，自分の関心のあるウェブページの閲覧やインターネット・コンテンツの利用をするものの，あまり関心のないインターネット広告をわざわざ時間を割いて閲覧するであろうかという疑問があることである。インターネット・ユーザーは，ウェブページの閲覧や情報検索，動画の閲覧，SNS等のソーシャルメディアの利用，オンラインゲームの利用，音楽配信や電子書籍配信の利用，といったことに時間を使うので，特に関心があり面白いインターネット広告でなければ，わざわざ貴重な時間を割いて広告を閲覧するかどうかは分からないのである。

　特に，ウェブページ閲覧中やネット検索中に，急に現れるポップアップ広告であれば広告を見るように仕向けることができるかもしれないが，インターネット・ユーザーにとっては，ウェブページ閲覧の邪魔になるので，その広告内容に関心がないかぎり迷惑なものになる。広告主や広告会社にとっては効果的なインターネット広告をしたつもりでも，インターネット・ユーザーにとってみれば関心がなく，迷惑なだけのこともあるのである。

　第2に，電子メール広告を，消費者に送信するさいには，「特定電子メールの送信の適正化等に関する法律」や「特定電子メールの送信等に関するガイドライン」を遵守する必要があることである[19]。電子メール広告（特定電子メール）の送信を行うさいには，その送信先となる相手から，電子メール広告の送信に関する同意を予め得ておく必要がある。このように，送信先の候補となる人達から予め同意を得てから電子メール広告を送信することをオプトイン方式という。電子メール広告の利用により，有形製品やサービス製品等の広告・宣伝活動を行おうとしても，それは全く自由に行うことはできないのであり，法

令を遵守して適切に実施する必要がある。メールの送信先となる相手からの同意なしに，電子メール広告を一方的に大量に送りつけることは迷惑行為にあたるのでするべきでない。インターネットユーザーに，迷惑なものと感じられているだけの電子メール広告を，一方的に送りつけても迷惑なだけで，読んでもらえずに削除されるだけなので広告効果はない。

　第3に，個人のプライバシー侵害にならないように留意することである。例えば，行動ターゲティング広告の場合には，個々のインターネット・ユーザーのウェブページの行動履歴（閲覧履歴）に関する情報をクッキーと呼ばれるソフトウェアなどを通じて収集・分析し，個々のインターネット・ユーザーが関心のありそうな分野や種類の有形製品やサービス製品に関する広告を配信するということがなされる[20]。個々のインターネット・ユーザーに対して，その関心のある広告を配信して，それを閲覧させることはメリットなのでよいことであると捉える見方もあるであろう。たしかに，タイムリーに購入希望の有形製品やサービス製品に関する広告が提示されると便利なこともあるであろう。

　しかしながら，ある事柄や商品に関する情報を検索してみたものの，時間がたつと，それに対する関心が薄れる場合があるし，そもそも他人に依頼されてインターネット検索する場合もある。こうしたところから，本当にそれを必要とするときに，広告が必ずしもタイミング良く配信・提示されるとかぎらず，かえってプライバシー侵害と受け取られる可能性がある。必要でもないのに，以前インターネットで検索した事柄に関する広告が提示されるというのはよくあることである。このような場合に，インターネット・ユーザーの行動履歴に基づく広告が配信されてきても，個々のインターネット・ユーザーはさほど関心をもたないであろうし，広告対象の製品を購入するとはかぎらないのである。行動ターゲティング広告は，常に有効であるとはかぎらないのである。いつまでも，インターネット・ユーザーの過去のウェブページの閲覧履歴や過去に検索したキーワードにこだわったインターネット広告の提示を行い続けることにはあまり効果はない。そもそも，インターネット・ユーザーの行動履歴に基づいて配信されるインターネット広告のなかで案内されている有形製品やサービ

ス製品が，そのインターネット・ユーザーが本当に関心を持つようなものであるかどうか分からないのである。少々関連しているものであるが，欲しいと思っているものではないということは大いにあり得るのである。

そして，行動ターゲティングに基づいたインターネット広告を行い続けると，場合によってはインターネット・ユーザーが，自分の行動履歴が取られたり把握されているといった不信感をもつ可能性がある。行動ターゲティング広告の実施は，個々のインターネット・ユーザーのプライバシーに十分配慮して適切な範囲内でなされる必要がある。

最近では，スマートフォンのGPS機能を利用して，個々の消費者がどの場所にいるのかの位置情報を収集して，例えば，その場所の近くにある販売店等の広告を提示し集客するということがなされることがある。相手先から事前に了承を得ていればよいが，そうでないのであれば，このような広告展開をするさいに，消費者に不信感を与えないように，プライバシーに十分に配慮する必要がある。

また，以前に，スマートフォン所有者のアプリの利用履歴情報を密かに収集し，その利用履歴情報の分析に基づいて，個々人の傾向や嗜好に見合った広告を配信するということが問題になったことがある[21]。

広告主や広告会社としては，個々人に関心を持ちそうな広告をタイムリーで効果的に配信することばかりに気をとられると，場合によっては消費者に不信感を与えてしまい，かえって逆効果になってしまうので，インターネット広告配信のさいにはこうした点に注意すべきである。

第4に，自社製品の販売促進のために有利な口コミ拡散等をさせることを目的とするステルスマーケティングの展開には問題があるということである。このステルスマーケティングについて，芳川　充・木下裕司（2012）は，それを「倫理的な問題があることを理解している上で，善良な第三者を装い，意図して消費者を欺く目的で行うマーケティングおよび販売促進活動」であると定義している[22]。つまり，芳川・木下（2012）によれば，倫理的な問題があることが分かっていながら，有形製品やサービス製品の売り手企業とは何ら関係のな

い第三者を装って，それらの消費者向け販売促進のための情報発信等を行うことであるということになる。

　このステルスマーケティングは，次のような仕方で展開される。例えば，バイラルマーケティングにより，数多くの消費者に対して影響力のある人達に届くように広告メッセージを工夫し働きかけを行い，その影響力のある人達から他の数多くの人達に自社製品の情報や評判が拡散していくようにすることがある。そのさい，影響力のある人達に対して広告メッセージが有効に届くように，広告活動の工夫等により間接的に働きかけるだけであれば特に問題はないが，もしそうした人達になにがしかの金銭の支払いや物財の無償提供を行って自社製品に有利なネット上での書き込みをさせると，それはステルスマーケティングになる。このようなステルスマーケティングは，第三者による客観的な評価や口コミを装った一種の情報操作であるといわれてもいたしかたない。このような金銭的な対価の支払いや物財の無償提供がなされたうえで，発信される口コミというのは，口コミではなくて実質的な広告である。

　第5に，ネイティブ広告の問題である。これは，ウェブページのなかに広告の記事を溶け込ませて，インターネット・ユーザーに広告であると意識させずに閲覧させるもののことをいう[23]。このネイティブ広告には，先述のように，インフィード広告とレコメンドウィジェットがある。このネイティブ広告の問題点として一般的に指摘されているのは，インターネット・ユーザーが閲覧しているウェブページにある記事等のなかに溶け込ませたかたちで広告の記事が掲載されているので，広告とは気づかずに読んでしまう点である。ネイティブ広告がうまくいけばよいが，インターネット・ユーザーが欺かれたと思い，反感をもつこともあるので注意すべきである。ネイティブ広告を行うときには，それが広告であるということを何らかのかたちで明確に表記する方がよい。

　インターネット広告をより効果的に行うことはよいのであるが，消費者に，プライバシー侵害されているのではないか，インターネット上に流れている有形製品やサービス製品等に関する情報はあまり当てにならないのではないか，といった不信感を与えてしまっては，インターネット広告の健全な発展の阻害

要因になるであろう。インターネット広告の効果ばかりを重視するのではなくて，節度をもってインターネット広告を展開すべきである。インターネット広告をどのようにして効果的に提示するのか，どのようにしたら広告メッセージを効果的に伝達できるのか，といったことばかりに気を取られるのではなくて，インターネット・ユーザーが自ら進んで見たくなるような広告コンテンツの制作の方に注力すべきであろう。

第5節　インターネットが広告や広告業界に与えた影響

　インターネットの商業利用が話題になった1990年代半ば頃，インターネット広告の登場が，広告や広告業界の在り方をどのように変えていくのかということが話題になった。

　日本経済新聞社編（1994）は，パソコンの処理能力が格段に向上するとともに，インターネットという全世界的なコンピュータ・ネットワークの利用が進展するなかで，コンピュータで，「画像，音声，文字を自由自在に扱う技術」であると定義するマルチメディアの時代になったことを受けて，マルチメディアが広告をどのように変えていくのかに関する議論を行っている[24]。

　そのなかで，広告媒体の拡大，広告主と消費者の直結，狙いを絞り込んだ広告が実現すること，既存のメディアに変革を迫ること，代理店抜きで広告を制作できること，消費者自らが情報発信することを挙げている[25]。

　また，吉村克己（1995）は，インターネットの普及により広告代理店がなくなると極論されることがある点を指摘している[26]。

　1990年代から広告がどのように変わったのかをみてみると，インターネットという新しい広告媒体が登場してから，インターネット広告が普及・拡大し主要な広告媒体になり，行動ターゲティングのように，標的とする消費者層を絞り込んだ広告が実現している。また，インターネットの普及により，広告の仕組みが変化してきているし，消費者がソーシャルメディア等を通じて情報発信するようになっている。このように日本経済新聞社編（1994）で予測されてい

たことはあらかた実現しているといえる。

　ただ，代理店抜きで広告を制作できること，インターネットの普及により広告代理店がなくなると極論されることがあるという点については，議論の余地がある。

　インターネット時代においては，企業が自前のウェブページを開設し，そこに自らが作成した広告（それは広報であるとされることもあるが，事実上の広告となっている場合がある）を掲載することができるということからであろうが，広告会社が不要になるという議論がなされるのであるとみられる。この広告会社抜きで広告を制作することができることについてであるが，多くのインターネット・ユーザーに見てもらえたり関心をもってもらえたりするような広告を，広告業務以外の業務に従事するものが必ずしも制作することができるのかという疑問がないでもない。結局のところ，より良いものを制作しようとすると，広告会社に広告のコンテンツを制作してもらうことになってしまう可能性があるのではないかと思われる[27]。

　こうした議論というのは少々極端すぎるものといえる。というのはしょせんは広告媒体としてのインターネットというのは，テレビ，ラジオ，新聞，雑誌，チラシ，ポスターといった数ある広告媒体の1つにしかすぎないからである。インターネットはかなり普及し，インターネット広告が拡大しているものの，既存の広告媒体による広告は現在でも根強く残っており，広告会社が不要になってはいない。むしろ，インターネットの普及により，広告会社が不要になるのではなくて，インターネットの普及により，広告媒体が多様化しているのである[28]。インターネット広告は，既存の広告媒体とは異なった特性をもつので，その活用により広告の可能性が拡がると積極的に捉える方がよい。結論的にいえば，インターネット広告の拡大により，広告会社が不要になるということは起こらなかったのであり，むしろ広告業界の可能性を拡げることにつながっているのである。

　ただし，ウェブページの作成やウェブページ上の広告の制作に利用できる各種ソフトウェア等の登場により，企業や個人事業者が，そのウェブページに有

形製品やサービス製品の事実上の広告を掲載することが原理的に可能になっているところから，広告会社の活動領域の一部が失われている可能性はある。つまり，自社の広告活動のなかの一部でしかなかったとしても，自前で事実上の広告活動を展開できるようになっているので，広告会社の機能の一部が吸収され失われていることは否めない。

第6節　おわりに

　近年，広告媒体としてその重要性が増してきたインターネットを利用した広告について検討してきたが，ここでそのまとめをすることにしよう。

　第1に，インターネット広告の特徴やメリットは何かということであるが，特に，インターネット広告ならではの特徴やメリットには，双方向性によりアクセスしてきた人々の記録をとることができること，在来の広告媒体よりも詳細な情報の伝達ができること，広告情報を消費者に伝達する費用が格段に安く済むこと，きめ細やかな広告展開が可能なことといったものがある。

　第2に，インターネット広告の到達範囲，露出頻度，影響はどのようであるのかということであるが，その到達範囲は広いものの，テレビ広告のようにあらゆる視聴者層に到達するということはない。そして，その露出頻度はあまり高くなく，その影響については，テレビと同様に文字・静止画・音声・動画により広告情報が発信できるだけでなく，テレビよりもかなり詳細な広告情報の伝達ができる。

　第3に，インターネット広告の種類をみてみると，古くからあるバナー広告や電子メール広告だけでなく，ポップアップ広告，ポップアンダー広告，インタースティシャル広告，ペイドサーチ，行動ターゲティング，ネイティブ広告等があり，かなり多様化が進んでいる。

　第4に，インターネット広告と他の媒体による広告を，それらの相互関連性を考慮に入れたうえで組み合わせて利用するクロスメディアについては，限定的な広告効果を狙うだけであればその利用で十分であるということになろう。

ただし，製品に対するよりいっそう十分な販売促進効果を得ようとすると，複数の広告媒体を組み合わせることによるクロスメディア展開だけでは不十分であり，広告だけでなく，サンプル配布や割引等の手段による狭義の販売促進活動，販売促進イベントの開催，販売員活動の展開等を組み合わせて利用する，より包括的な統合マーケティング・コミュニケーション活動の実施が必要なのである。

第5に，インターネット広告の問題点についてであるが，それには特にプライバシー侵害への懸念，ステルスマーケティングの展開の問題，ジャンクメールの送付等の問題がある。インターネット広告を行うさいには，消費者のプライバシー侵害にならないように十分に留意するとともに，情報操作により消費者を欺くようなステルスマーケティングをしないように節度をもって実施すべきである。

第6に，インターネットの普及が，広告会社にどのような影響を与えたのかということであるが，たしかに広告会社の中抜きのようなことは起こらなかったが，その機能の一部は，企業や個人事業者が，そのウェブページに有形製品やサービス製品の広告を掲載することが原理的に可能になっていることから失われている可能性はある。

インターネット広告は，今後その利用がさらに拡大していくものとみられる。それは便利な反面，様々な問題も抱えているので，適切に活用する必要がある。

●注
(1) インターネット広告に関するこうした点については，インターネット白書編集委員会編（2016），64～66ページを参照のこと。
(2) ㈳経済企画協会編・経済企画庁監修（1995），131ページ。
(3) こうした点については，次のものをそれぞれ参照のこと。村井（1995），46～48ページ。名和（1995），18～21ページ。前野・オンラインジャーナル編集部編（1995b），26～29ページ。
(4) 村井（1995），2～3ページ。名和（1995），18～23ページ。前野・オンラ

⑸ 　インジャーナル編集部編（1995b），26〜29ページ。
⑸ 　公文・会津編著（1996）のなかで，インターネットのWWWは，「ビジネス利用の入り口」であるとしている。公文・会津編著（1996），66ページ。
⑹ 　村井（1995），116〜118ページ。
⑺ 　黒田（1995），48〜52ページ。
⑻ 　戸田（1996），49〜86ページ。
⑼ 　前野（1995b），79ページ。
⑽ 　日本経済新聞社編（1994），149〜152ページ。
⑾ 　徳久・永松編著（2016），38〜43ページ。
⑿ 　McMillan（2012），pp.17-18.
⒀ 　*Ibid.*, p.17.
⒁ 　Kotler(1980),pp.509-513，邦訳，411〜415ページ。
⒂ 　*Ibid.*, p.512，邦訳，414ページ
⒃ 　Belch and Belch（2009），pp.490-494.
⒄ 　徳久・永松編著（2016），106〜107ページ。
⒅ 　横山（2005）は，クロスメディアについて，「インターネットを組み合わせるメディアプラン」のことであるとしている（129ページ）。
　　このクロスディアについては，岸・田中・嶋村（2000），340〜341ページも参照のこと。
⒆ 　「特定電子メールの送信の適正化等に関する法律」と「特定電子メールの送信等に関するガイドライン」については，消費者庁のウェブページに掲載されている以下のpdfファイルを参照のこと。
　　この法律については，http://www.caa.go.jp/trade/pdf/090901email_1.pdfを，ガイドラインについては，http://www.caa.go.jp/trade/pdf/110831kouhyou_2.pdfを参照のこと。
　　なお，本書のなかで示すURLの全ては，執筆時点のものであることを断っておく。
⒇ 　クッキーを利用した情報収集については，徳久・永松編著（2011），276〜277ページを参照のこと。
㉑ 　この件については，『朝日新聞』2011年10月5日付けの記事を参照のこと。
㉒ 　芳川・木下（2012），20ページ。
㉓ 　このネイティブ広告については，『図解　マーケティングの教科書』（日経BPムック），2014年，日経BP社，44〜45ページを参照のこと。

⑷　日本経済新聞社編（1994），10ページ。
⑸　同上，149～157ページ。
⑹　吉村（1995），76～77ページ。
⑺　例えば，広告代理店関係者のなかに，インターネットのホームページ作成の領域は広告代理店が手腕を発揮すべき場であるという声があるということを，長尾（1996）は紹介している。長尾（1996），30～32ページを参照のこと。
⑻　日本経済新聞社編（1994）は先述のように，広告媒体の拡大を挙げている（149～150ページ）。

　　また，広告会社のなかには，インターネットの登場は広告媒体が1つ増えただけということであるとする声があることが，長尾（1996），27ページのなかで紹介されている。このようにインターネットの登場は，広告会社にとっては単に広告媒体の拡大を意味するのであり，かえってその登場は広告会社の可能性や機会を広げることつながるのである。

参考文献

Belch, G. E. and M. A. Belch (2009), *Advertising and Promotion: An Integrated Marketing Communications Perspective*, McGraw-Hill/Irwin.

Kotler, P. (1980), *Marketing Management: Analysis, Planning, and Control*, 4th ed., Prentice-Hall, Inc.（村田昭治監修，小坂　恕，疋田　聰，三村優美子訳『マーケティング・マネジメント［第4版］』プレジデント社，1983年。）

McMillan, S. J. (2012), "Internet Advertising: One Face or Many?", in D. W. Schumann and E. Thorson (eds.) (2012), pp.15-35.

Schumann, D. W. and E. Thorson (eds.) (2012), *Internet Advertising: Theory and Research*, Psychology Press.

Sterne, J. and A. Priore (2000), *Email Marketing: Using Email to Reach Your Target Audience and Build Customer Relationships*, John Wiley & Sons, Inc.

井浦知久（2012），『オウンドメディアマーケティング　顧客との関係を創造し，ビジネスを強化する自社メディア戦略』宣伝会議。

インターネット白書編集委員会編（2016），『インターネット白書2016』インプレスR&D。

インターネット・マーケティング研究会著，菅野龍彦・原野守弘監修（1999），『イ

ンターネット広告'99』ソフトバンク株式会社　出版事業部。
インターネット・マーケティング研究会著，村田　誠・菅野龍彦・原野守弘監修（2000），『インターネット広告2000』ソフトバンク株式会社　出版事業部。
太駄健司（2005），『図解　インターネット広告』翔泳社。
岡弘和人（2015），『Facebook 広告　運用ガイド　ダイレクトマーケティングに生かす売上高直結の活用術』翔泳社。
川越憲治・疋田　聰編著（2007），『広告とCSR』生産性出版。
岸　志津江・田中　洋・嶋村和恵（2000），『現代広告論〔新版〕』，有斐閣。
公文俊平・会津　泉編著（1996），『入門　インターネット・ビジネス』日本経済新聞社。
黒田　豊（1995），『インターネット・ワールド　米国シリコンバレーより』丸善株式会社。
小林　彰編集（2012）『これでわかる！　裏マーケティングのすべて』晋遊舎。
（社）経済企画協会編・経済企画庁監修（1995），『マルチメディア化の進展と国民生活』大蔵省印刷局。
佐藤尚規（2008），『しくみとポイントがスグわかる　最新図解「進化するネット広告」のすべて』技術評論社。
宣伝会議編集部編（2016），『デジタルで変わる　宣伝広告の基礎』宣伝会議。
高橋秀雄（1996），「電子メディアによる広告の問題について」『中京商学論叢』第43巻第1号，53~67ページ。
近田哲昌・三木佑太（2014），『クチコミデザイン』すばる舎。
デジタル・アドバタイジング・コンソーシアム編著（2009），『ネット広告ハンドブック』日本能率協会マネジメントセンター。
電通総研編（2016），『情報メディア白書2016』ダイヤモンド社。
徳久昭彦・永松範之編著（2011），『最新版　ネット広告ハンドブック』日本能率協会マネジメントセンター。
徳久昭彦・永松範之編著（2016），『改訂第2版　ネット広告ハンドブック』日本能率協会マネジメントセンター。
戸田　覚（1996），『インターネット広告　安い・簡単・効果抜群の新広告メディア徹底活用術』ダイヤモンド社。
長尾　剛（1996），「インターネットは広告代理店にとって『福音』です」『インターネットの激震』別冊宝島第262号，宝島社，22~33ページ。
名和小太郎（1995），「創造破壊をするインターネット」日本能率協会編『入門イン

ターネット』日本能率協会マネジメントセンター，15〜52ページ。
㈳日本アドバタイザーズ協会 Web 広告研究会監修（2009），『ネット広告白書2010』インプレス R&D。
日本経済新聞社編（1994），『Q&A 誰にもわかるマルチメディア入門』日本経済新聞社。
林　和彦（2007），『最新　ネット広告のしくみ　出稿の実務と効果・費用がわかる』日本実業出版社。
林田　学（2016），『景品表示法の新制度で課徴金を受けない３つの最新広告戦略』河出書房新社。
前野和久・オンラインジャーナル編集部編（1995a），『インターネットのすべて』PHP 研究所。
前野和久・オンラインジャーナル編集部編（1995b），『インターネットで何が変わるか』PHP 研究所。
村井　純（1995），『インターネット』岩波書店。
村上知紀（2013），『デジタル・クリエイティビティ』翔泳社。
横山隆治（2005），『インターネット広告革命　クロスメディアが「広告」を変える。』宣伝会議。
横山隆治（2010），『トリプルメディアマーケティング　ソーシャルメディア，自社メディア，広告の連携戦略』インプレスジャパン。
吉池　理（2009），『ウェブ PR ハンドブック　基本知識から戦略策定，戦術実行，効果測定まで』日本能率協会マネジメントセンター。
芳川　充・木下裕司（2012），『人の心を操作するブラックマーケティング　爆発的に広がる「ステマの実態」』総合法令出版。
吉村克己（1995），「日本企業では今……」日本能率協会編『入門インターネット』日本能率協会マネジメントセンター，53〜90ページ。

第5章

サービス製品の広告展開

第1節　はじめに

　サービス製品の場合，有形製品とは異なって主として無形のものからなっており，はっきりとした形がないので，どうしても分かりにくいところがある。そして，有形製品とは異なってそれとはっきりと分かる明確な個別製品ブランドというものがないことが多いので，広告のなかで訴求すべき明確な対象となるものがないことが多い。

　こうしたことから，サービス製品の広告をする場合には，無形性，損なわれやすさ等の特質を考慮して，有形製品の広告を行う場合と同じやり方ではなく，それとは幾分か異なったアプローチにより広告を展開しなければならないのである。それにもかかわらず，サービス製品の広告に関する議論をみてみると，有形製品を取り扱う製造業者の広告に対して当てはまる議論が，そのまま無形のサービス製品を取り扱うサービス企業の広告にも当てはまるかのような議論がなされていることがある。

　ここでは，このような議論の仕方は基本的に適切ではないということや，サービス製品の広告が必ずしも有形製品の広告がなされる仕方と同様な仕方でなされ得ないということを明らかにする。そうしたことを行ったうえで，サービス製品に適した広告をどのようにして展開したらよいのかを探っていくことにする。サービス企業は，本来，その無形のサービス製品に適した広告展開を行うべきなのであるから。

第2節　サービス製品の特質に見合った広告展開の必要性

　サービス製品（サービス財）の特質には，①無形性（不可視性），②損なわれやすさ，③生産と消費の同時性，④異質性，⑤所有権の欠如の5つがある[1]。これらの特質のうち，サービス企業の広告に対して影響を及ぼすのは，特に①無形性と②損なわれやすさ，④異質性である。

　まず，無形性であるが，サービス製品は，主として無形のものからなっているので，消費者がそれを購買する以前に，直接具体的にどのようなものなのかを確かめてみることができないし，目に見える実体がないことが多いので，消費者にとっては分かりにくいものなのである。

　次に，損なわれやすさであるが，サービス財は，生産されたと同時に消滅してしまうので，形のある完成品としてサービス製品を提示することはできないのである。

　つまり，サービス製品は無形のものであり，生産されたと同時になくなってしまい，形のある製品として消費者に明確に提示することができないものなので，有形製品のように明瞭にそれだと認識できる形があり，形のあるものとして在庫や保存ができるところからイメージしやすいものを広告する場合と比較して，広告を展開することが困難になりやすいのである。無形で分かりにくく，生産されるや否やすぐに消滅してしまうサービス製品を，消費者にどのようなものなのかを分かりやすく伝達するのか，その特徴やメリットにはどのようなものがあるのかを，消費者にはっきりとイメージさせるためにはどのようにしたらよいのか，といったことに関する工夫をしないと効果的な広告を展開することはできなのである。

　さらに，サービス企業の担当者が消費者に対してサービス製品の提供をするというサービス業の労働集約性に帰因する異質性により，サービス製品が提供されるそのときどきにおいて，必ずしも品質が安定せず，常に均質なサービス製品を提供することができるとは限らないので，この点を念頭に置いてサービ

ス製品の広告を行う必要があるのである。サービス製品は，すぐに消滅してしまうので在庫や保存ができないところから，きちんと品質管理や品質チェックをしたうえで消費者に提供することはできないのである。それゆえ，サービス製品が生産されるそのときどきにおいて，サービス製品の品質にばらつきが発生しやすいのである。

そうしたところから，サービス企業が，サービス提供施設やサービス提供要員に比較的余裕がある状況のときにしか提供可能でない品質の良いサービス製品を，常に提供できるかのような広告をしたとすると，繁忙時に手がまわらずに，品質の良いサービス製品を提供できなかった場合に消費者が不満を持つことになる。この点もサービス製品を広告するさいに考慮に入れる必要がある。

いずれにせよ，有形製品と異なった特質を持つサービス製品の広告の展開をするさいには，有形製品の広告とは異なったアプローチを用いる必要があるのである。しかしながら，このようなサービス製品の特質を考慮せずに，サービス製品の広告に対して有形製品の広告に用いられているアプローチをそのまま適用したとすると，それはあまりうまくいかないであろう。サービス製品の広告に対しても有形製品の広告に対しても，全く同じアプローチを用いることができるという考えは誤りである。この点について，次に検討してみることにしよう。

第3節 主として有形製品の広告を念頭に置いた議論

ここでは特にサービス製品の広告についてのというのではなくて，主として有形製品の広告を念頭に置いているとみられる議論のなかからJ.R. Rossiter and L. Percy（1987）が行っている議論を取り上げて，どのようなことが問題にされているのかをみていくことにしよう。付け加えておくと，このRossiter and Percy（1987）は有形製品だけでなくサービス製品をも念頭に置いたうえで議論を行っているとみられるのであるが，その議論をみてみると主として有形製品に当てはまるものとなっており，有形製品の広告とサービス製品の広告

が全く同様な仕方でなされるものと捉えたものになっているである。特にそこでは，サービス製品の特質について論ずるとともに，それを念頭に置いてサービス製品の広告の問題を取り扱うということはなされていないのである。

いずれにせよ Rossiter and Percy（1987）の議論をみていくと，彼らは広告は，「製品のベネフィット情報に基づいた，比較的間接的な説得の過程」であると定義し，広告（及び販売促進）は，露出→プロセシング→コミュニケーション効果→標的視聴者の行動→販売高あるいはシェア→利潤という6段階の効果の連鎖をもつという[2]。この6段階の効果の連鎖を説明すると次のようになる。まず，広告が潜在的な買い手へと露出されると，潜在的な買い手による露出された広告の処理（注目，学習，受容，感情的反応等の）がなされる。そして，この広告への即時の反応からまた，潜在的買い手の側でのより恒常的な反応であるコミュニケーション効果が生み出されていくことになる（ブランド認知，ブランド態度等の）。こうしたことを受けて，広告が標的とする視聴者である買い手が製品の購買意思決定をする。買い手による製品の購買は販売高あるいはマーケット・シェアを生み出すことになり，企業に利潤をもたらすことになるというものである。

このように Rossiter and Percy（1987）は，広告は潜在的顧客に様々な即時の反応を生み出すとともに，恒常的な反応であるコミュニケーション効果を生み出すことになる。そして，こうしたことを通じて潜在的顧客を特定のブランドに対して注目させたり，潜在的顧客の心のなかに良いブランド・イメージや好意的なブランド態度を形成させたり，潜在的顧客の購買意思決定過程に働きかけたりすることにより，潜在的顧客を最終的な製品ブランドの購買へと導く効果を広告はもつのであるというのである。

このような捉え方は Belch and Belch（1995）にもみられるのであり，彼らは，「広告と他の販売促進努力は，ブランド知識やブランド関心，好意的な態度やイメージ，購買意図のようなコミュニケーションを達成することを意図する」ものであるとしている[3]。こうしたところから，Rossiter and Percy（1987）のいうような広告がもつ効果がみられることを他の論者も認めている

ことが分かる。

　また，Rossiter and Percy（1987）は広告（及び販売促進）のコミュニケーション目標についても議論しているが，彼らはそうしたものとして，①カテゴリー・ニーズ，②ブランド認知，③ブランド態度，④ブランド購買の意図，⑤購買の容易さの5つを挙げている[4]。これらの5つのものについてみていくと次のようになる。

　第1に，カテゴリー・ニーズであるが，Rossiter and Percy（1987）はこれについて，「現在の動機の状態と望ましい動機の状態との間の知覚された懸隔を取り除いたり，満たしたりするために必要とされる何物か（製品やサービス）についての買い手の知覚」であると定義している[5]。このカテゴリー・ニーズが広告のコミュニケーション目標とされるときには，広告を行うことにより，特定のブランドというのではなくて，ある製品カテゴリーと潜在的な買い手の購買動機との間の関係についての，潜在的な買い手の知覚を生み出すことが問題になる（ただし，こうしたことを通じて以前に確立されたカテゴリー・ニーズを想起させることも Rossiter and Percy（1987）は目標となるとしている）[6]。

　第2に，ブランド認知であるが，Rossiter and Percy（1987）はこれについて，「買い手の，購買するのに十分に詳細なカテゴリー内のブランドを確認（認識あるいは想起）する能力」であると定義している[7]。このブランド認知が広告のコミュニケーション目標とされる場合には，広告を行うことにより，ある製品カテゴリー内の特定のブランドに対する認知（ないし認識）を生み出すことが問題になる。Rossiter and Percy（1987）は，ブランド認知について，それにはブランド認識とブランド想起の2つの異なったタイプのものがみられるという[8]。

　第3に，ブランド態度であるが，Rossiter and Percy（1987）はこれについて，「現在の重要な動機を満たすための，その知覚された能力に関する買い手のブランド総体としての評価」であると定義している[9]。このブランド態度について Rossiter and Percy（1987）は，それは買い手の「現在の重要な動機に

依存する」ものであり，買い手の行動を導く認知的構成要素と買い手の行動に活力を与える情緒的構成要素からなるとしている。そして認知的構成要素は，「多くの特定のベネフィット信念」からなるとしている[10]。ベネフィットというのは Rossiter and Percy（1987）によれば，「広告あるいは販売促進の表面的な内容から引き出されるブランドについての特定の信念」のことであり，それは買い手が製品の属性から望むものであり，そうしたものには例えば新鮮な味，パフォーマンス，満足，金銭の節約等があるという[11]。そしてこのベネフィットにより，買い手ないし消費者のブランドに対する態度が形成されたり変えられたりするのであり，それは買い手ないし消費者の動機と結びつけられなければならないという。

このように，ブランド態度がコミュニケーション目標とされるときには，広告を通じてベネフィットを伝達することにより買い手の間にブランド態度を形成したり，それを変えたり，ベネフィットと動機とを結びつけたりすることが問題になる。

第4に，ブランド購買の意図であるが，Rossiter and Percy（1987）はこれについて，「ブランドを購買するための，あるいは購買に関連した行動をとるための買い手の自己指図」であると定義している[12]。Rossiter and Percy（1987）は購買意図について，遅延した購買意図と即時の購買意図を挙げているが，製品の購買時点や購買意思決定の時点まで購買意図が生じないという遅延した購買意図を生じさせる広告のコミュニケーション目標と，即時の購買意図を生じさせる広告のコミュニケーション目標の2つがあるとしている[13]。

第5に，購買の容易さであるが，Rossiter and Percy（1987）はこれについて，「購買を妨げるかあるいは，刺激する他のマーケティング要素（4 Pの）についての買い手の知覚」であると定義している[14]。この購買の容易さが広告のコミュニケーション目標とされるときには，買い手が製品を購買しようとするときに感じている問題点等（例えば価格，製品の入手先，人的販売等に関する）を広告を通じて最小化することが問題になる。

次の節では，Rossiter and Percy（1987）が展開している以上のような議論

について検討することにしよう。

第4節　主として有形製品を念頭に置いている広告の議論のサービス製品の広告に対する妥当性

　Rossiter and Percy（1987）が行っている，露出→プロセシング→コミュニケーション効果（ブランド認知，ブランド態度等の）→標的視聴者の行動→販売高あるいはシェア→利潤といった広告の6段階の効果の連鎖に関する議論や，広告のコミュニケーション目標には，①カテゴリー・ニーズ，②ブランド認知，③ブランド態度，④ブランド購買の意図，⑤購買の容易さの5つがあるという議論は，どの程度サービス製品の広告に妥当するのであろうか。

　Rossiter and Percy（1987）は有形製品にだけでなくサービス製品にも彼らが行っている議論がそのまま妥当するものとみているようであるが，この点については疑問がある[15]。つまり，サービス製品の場合には，そのブランド化を明確なかたちで行うのは一般的にいって困難なのであるが，そうしたところからRossiter and Percy（1987）のような，広告を特にブランドと関連させた議論が，どの程度サービス製品の広告に関する議論に妥当するのか疑問があるのである。

　例えばA. Palmer（1994）は，サービス製品のブランド化の問題について，サービス提供物それ自体がブランド化される例もみられるとしつつも，「ほとんどの有形の製品提供物はある形態でブランド化されるが，サービス提供物それ自体はあまりブランド化されない」と述べている[16]。

　またD. Cowell（1984）は，サービス製品のブランド化そのものを認めていないというわけではないのであるが，「たしかにブランド化はサービス・セッティングにおける品質の一貫性の維持の問題のゆえに困難である」と述べている[17]。

　Palmer（1994），Cowell（1984）が述べているように，サービス製品のブランド化を行うことは一般的にいって困難なのであるが，こうしたことはそれがもっている無形性，損なわれやすさ，生産と消費の同時性，異質性といった特

質に帰因するのであり，サービス製品のブランド化を行うことは，目に見える具体的な形状を有する有形製品のブランド化を行う場合と比較して困難なのである[18]。サービス製品の場合には，特に個別のサービス製品のブランド化をすることが困難である。つまり，サービス製品というのは主として無形のものからなっており，生産されたと同時に無くなってしまうものであり，その品質がそれが生産されるそのときどきにおいて異なったものになりやすいので，個別のサービス製品のブランド化を行うことが特に困難なのである。もちろん個別のサービス製品のブランド化を行うことが全くできないというわけではなく，特に有形の構成要素を比較的多く含むサービス製品や，自社のサービス製品を他社の同種のサービス製品と明確に区別することが可能な場合には，個別のサービス製品のブランド化を行うことが可能である。ただし，多くのサービス製品の場合，こうしたことがあまりみられないので，個別のサービス製品のブランド化を行うことは困難なのである。

　サービス製品のブランド化が具体的にどのようになされているのかをみていくと，例えば旅行業では海外旅行か国内旅行かの別に分けたうえで，価格帯，グレード，製品コンセプト等が同等なパッケージ・ツアー製品群をひとまとめにして特定のブランド名を付けるということがなされているし，航空会社ではビジネス・クラス等の航空旅客輸送サービス製品に特定のブランド名を付けるということがなされている。そしてファストフード店では特定のメニューにブランド名を付けたりしている。また，ホテル業やテーマパーク等では，ホテル名やテーマパークの名称が事実上ブランド名となっている。

　こうした何等かのかたちでサービス製品のブランド化を行い得るサービス業種がある一方で，そうしたことをあまり行い得ないサービス業種もみられるのである。例えば，専門サービス業（弁護士，公認会計士，税理士，経営コンサルタント等）では，その提供しているサービス製品にブランド名を付けるということは一般的にいってなされてはいない。こうした業種でサービス製品のブランド化をすることは，そのサービス製品が標準化されておらず，その都度顧客からの求めに応じてサービス製品の提供をしなければならないということか

らして困難であるし，専門サービス業が提供しているサービス製品というのは，そもそもブランド化すべき性格のサービス製品ではないといってよい。

　いずれにせよ，サービス製品のブランド化についていえば，個別のサービス製品のブランド化を図ることができるサービス製品ももちろんみられるのであるが，こうしたことを行い得るサービス製品はあまり多くはなく，もしブランド化することができたとしても，それは特定の製品グループに対するブランド化であったり，社名や施設等の名称によるブランド化であったりすることが多いであろう。そして，そもそもブランド化というものを考えることができないサービス製品も多くあるのである。

　また，たとえサービス製品のブランド化をすることが可能であったとしても，次のような問題がある。つまり，L.L. Berry, E.F. Lefkowith and T. Clark (1988)，D.R.E. Thomas（1978）がそう捉えているように，サービス製品に特定のブランド名を付けることによって差別化することはあまりなされ得ないという問題点があるのである[19]。彼らがこのように捉えているのは，サービス製品を消費者に対して誰の目にもそれと分かるような具体的なかたちで製品そのものを示すことができないという理由によるものであると思われるが，いずれにせよこうした問題点があるので，広告の消費者への露出を通じて，サービス製品のブランドというものに注意を向けさせたり，それをはっきりと認識させたり，ブランド態度を形成させたりすることにより，サービス製品の差別化を図ることは，そもそも主として無形のものからなり，生産されたと同時になくなってしまうようなサービス製品の場合には，サービス製品そのものを明確なかたちで提示することができないということから困難なことなのである。

　以上のようなことから，Rossiter and Percy（1987）が行っている，露出→プロセシング→コミュニケーション効果（ブランド認知，ブランド態度等の）→標的視聴者の行動→販売高あるいはシェア→利潤，といった広告の6段階の効果の連鎖に関する議論や，広告のコミュニケーション目標には，①カテゴリー・ニーズ，②ブランド認知，③ブランド態度，④ブランド購買の意図，⑤購買の容易さの5つがあるという議論は，サービス製品の広告に関するかぎり

あまり妥当しないのではないかと思われるのである。つまり，サービス製品の広告の場合には，ブランド認知，ブランド態度等に代表されるコミュニケーション効果が明確に得られるのかどうか疑問であるし，ブランド認知，ブランド態度，ブランド購買の意図といったものがサービス製品の広告の場合には必ずしも目標にはならないのではないかと思われるのである。

第5節　サービス製品の広告をどのように展開すべきか

1　サービス企業の広告目標

　サービス企業が行う広告の場合には，製品のブランドを中心に打ち出して，消費者のブランドに対する注意を引くとともに，消費者の間にブランド態度を形成させ，ブランド化によるサービス製品の差別化を図るといったような広告をするよりは，サービス製品の特質に見合った広告をした方がよいし，それに見合った広告の目標を設定した方がよいであろう。

　このサービス企業の広告の目標にはどのようなものがあるのかということであるが，Palmer（1994）とCowell（1984）は広告をも含めた販売促進の目標として次のようなものを挙げている[20]。

　まずPalmer（1994）であるが，彼はそうしたものとして，①サービス組織とサービス製品への注意と関心の開発をすること，②サービス購買のベネフィットの伝達，③サービスの最終的購買に影響を及ぼすこと，④サービス企業の肯定的なイメージの形成，⑤その競争者のサービス製品との差別化，⑥サービス企業やサービス製品の存在を人々に想起させることの5つを挙げている[21]。

　次にCowell（1984）であるが，彼はそうしたものとして，①サービス製品とサービス組織への注意と関心の形成，②サービス提供とサービス組織を競争者のそれらと差別化すること，③利用可能なサービスのベネフィットの伝達や描写をすること，④サービス組織の総体としてのイメージと評判を形成したり維

持したりすること，⑤サービスを購買したり用いたりするように顧客を説得することの5つである[22]。

以上に挙げられているものをまとめると，サービス企業の広告の目標には次のようなものがあるということになる。

① サービス企業の認知度を上げることや，サービス企業に対する評判を高めるとともに好意的なイメージを形成すること。
② サービス製品のベネフィットの伝達。
③ サービス企業やサービス製品の差別化を図ること。
④ サービス製品の購買へと消費者を説得すること。
⑤ サービス企業とそのサービス製品を消費者に想起させること。

サービス企業が行う広告の場合には，特にサービス製品のブランドを中心に据えたような広告目標を設定するよりは，こうした Palmer（1994）や Cowell（1984）が挙げているような広告目標を設定する方がよいであろう。というのはサービス企業が行う広告の場合には，サービス製品の無形性，損なわれやすさ，生産と消費の同時性といった特質からサービス製品そのものをはっきりと広告のなかで示すことが困難であり，個別製品ブランドを形成・確立することは困難なことが多いので，サービス製品そのものの提示，その個別製品ブランドの提示による訴求が困難であるからである。そうしたところから，サービス企業では，個別のサービス製品の情報提供やその製品ブランドの認知を広告目標にすることは必ずしもできそうにないので，サービス企業についての認知度を高めること，サービス企業の評判を高めるとともに良好なイメージを消費者の間に形成させること，当該サービス企業の他社にはない独自性や特徴がどこにあるのか，その取り扱っているサービス製品の独自性やそれを利用することから得られるベネフィットは何かを知らせること，サービス企業やそのサービス製品について想起させること，といったことを広告目標とする方がよいであろう。みられるように，サービス企業の広告目標には，そのサービス製品に関するものだけでなく，サービス企業に関するものがあるが，特にサービス企業の組織それ自体に関する広告目標が重要である。

2 サービス製品の広告展開の仕方

　サービス企業が広告を行う場合，サービス製品のブランドというものをはっきりと形成したり確立したりすることができたり，サービス製品そのものを明確に広告のなかで提示することができるのであれば，サービス製品のブランドに対して注意を向けさせたり，それに対する態度を形成させたりして，最終的にはそうしたことを通じて差別化を図るといった広告展開の仕方をすることができる。ただし，サービスの無形性等の特質により，こうした広告の仕方を行い得るサービス企業というのはさほど多くはないとみられる。そうしたところから，サービス製品の特質に見合った広告の展開をする必要がある。この点で参考になるのが，D. Legg and J. Baker（1987）と V. A. Zeithaml, M. J. Bitner and D. D. Gremler（2013）が展開している議論である。

　まず，Legg and Baker（1987）が挙げているのは，次のような広告の展開の仕方である[23]。

　第1に，L. L. Berry（1988）が述べているような適切な実体性をもった広告文句の利用して広告を行うことである[24]。つまり，サービス企業が広告を行うさいに，広告のなかでそのサービス製品の内容等を象徴するような実体性をもった広告文句を利用して，消費者に分かりやすくサービス製品の内容やイメージ等を伝達したりするということである。

　第2に，G. L. Shostack（1977）が述べているような目に見える明示できるもの等を利用してより具体的で分かりやすいかたちで広告を行うことである[25]。つまり，サービス企業が広告を行うさいに，例えば広告のなかで何等かのシンボルや写真入りパンフレット等を利用して，そのサービス製品を分かりやすいかたちで広告するということである。

　第3に，Legg and Baker（1987）が挙げている劇作術（ドラマツルギー）を用いて広告を行うことである[26]。つまり，サービス企業が広告を行うさいに，例えばそのサービス製品を購買して得られる成果や利益がどのようなところにあるのかを劇化して表現したテレビ広告等を行うということである。

次に，Zeithaml, Bitner and Gremler（2013）が，サービス製品の無形性という広告をするさいの妨げとなるものに対処する方法として挙げているものを利用した広告を行うことである[27]。それは，①サービス経験を説明するための物語の利用，②目に見えるような情報の提示，③相互作用的な心象の利用，④目に見えるものへの集中，⑤サービスを目に見えるようにするブランド・アイコンの利用，⑥連想，物的な提示，証拠資料や視覚化の利用，⑦広告の中でサービス企業の従業員を取り上げること，⑧バズマーケティングやバイラルマーケティングの利用，⑨ソーシャル・メディアの利用，⑩影響力のある人達にメッセージの狙いをつけること，⑪ユーモアなどにより会話を生み出す広告の創出，⑫人的なコミュニケーションに満足した顧客を取り上げること，⑬顧客と従業員との関係を通じて口コミを生み出すことである[28]。

以上のように，Zeithaml, Bitner and Gremler（2013）は，サービスの無形性という特質が，サービス製品の本質が何か，その利益はどこにあるのかを顧客に伝えるのを困難にするところから，この問題に対処し克服するために利用できる様々な手法を挙げているのである[29]。彼らが挙げているものは，サービス製品の本質や利益を，消費者にとって分かりやすく目に見えるようにするために利用できる様々な手段なのである。

サービス製品の広告というのは，目に見える実体のある有形製品の広告とは異なって，その広告がどうしても漠然としたイメージ広告に陥りやすいところがあるので，これらの仕方のいずれかにより，消費者にサービス製品をより分かりやすく広告したり，その購買から得られる利点，メリット等はどこにあるのかをより明確にするような広告をする方がよいであろう。

また，こうしたことだけでなく，サービス企業が広告を行うさいには，W. R. George and L.L. Berry（1981）が広告を行うさいのガイドラインとして挙げているもののなかの特に可能であることの約束を遵守する必要がある[30]。サービス製品の場合には，製品そのものを事前に確かめて購入することはできず，サービス製品の購入後に実際のサービス製品が消費者に提供・配達されるのであるが，この提供・配達の時点において消費者に対して広告のなかで行った約

束がそのとおりに果たされるのかどうかが確定されることになるのである。そのうえサービス製品の場合には，サービス業の労働集約性のゆえに，その品質にばらつきが発生しやすく，サービス製品が生産されるそのときどきによってその品質が異なったものになりやすいのである。こうしたところから，必ずしも広告のなかで約束したとおりのサービス製品がその提供・配達の時点において，消費者に実際に提供・配達されるとは限らないのである。このような点を考慮して，George and Berry（1981）のいうように，サービス製品の広告においては，消費者の期待を裏切らないように実行することが可能なことを広告すべきなのである。もしサービス企業が必ずしも実行可能でないようなことを広告して，広告のなかで約束したことや述べたこと等を消費者に対して実行できずに，消費者の期待を裏切るようなことがあれば，どんなに広告自体の効果があったとしても，かえって逆効果になってしまうものとみられる。

また，サービス企業が広告を行うさいには，消費者が誤解したり，勘違いしたりする可能性がある広告にならないように留意する必要がある。特に広告の対象となるのが，そうでなくても分かりにくいサービス製品であるということを考慮して，理解しやすく，誤解や勘違いが生じないような広告をする必要がある。

サービス業の広告に関して，過去にどのような問題があったのかをみてみよう。

旅行業では，平成2年に旅行業者数社の海外パッケージツアーの募集広告のなかの表示が『不当景品類及び不当表示防止法』に違反しているとして，公正取引委員会から排除命令が出された[31]。そこで問題となったことは，次のようなことである。

まず，北欧のスカンジナビア諸国では白夜が特定の場所で特定の時季しかみられないし，西オーストラリア州ではワイルドフラワーが特定の時季しかみられないのに，その時季以外のときに旅行した場合でもそうしたものがみられるかのような表示がなされていたことである。

次に，ヨーロッパにある博物館や美術館の見学がツアーのコースに組まれて

いる場合に，それらの休館日がツアーに当初から組まれている見学予定日と重なってしまうことがあるのにもかかわらず，そのようなことがなくあたかも日程通りに見学できるかのような表示がなされていたことである。

こうしたことが問題となってから後に旅行業界では，『主催旅行の表示に関する公正競争規約』という業界の自主的な取り決めを作成して，平成4年10月1日より施行するとともに，平成5年4月1日出発以降のパッケージツアーから適用し，広告表示の適正化に努めてきている[32]。この公正競争規約は何回か改訂され，現在では『募集型企画旅行の表示に関する公正競争規約』に名称を変えている[33]。

平成8年には，航空会社の国内航空券の事前購入割引運賃（ないし早期割引運賃）の広告表示の仕方が問題となり，公正取引委員会により『不当景品類及び不当表示防止法』に違反しているのではないかとされ，事情聴取を受けた。この事前購入割引運賃で特に問題となったのは，運賃の割引率等については目立つように大きく広告表示されてはいるものの，事前購入割引運賃が適用される席数には限りがあるという表示は広告のなかになされているものの，小さな文字により表示されていたことである。このような表示により，事前購入割引運賃適用の席数に限りがあるという広告メッセージが利用者に必ずしも周知されていないことになり，事前購入割引運賃適用の航空券の購入を申し込んだ利用客から，事前購入割引運賃適用の航空券が購入できなかったという苦情が寄せられたのである[34]。

このような問題がなぜ生じたのかということであるが，その原因として次のようなことが挙げられる。

第1に，サービス製品は無形のものであるので，予めその完成品を用意しておくことができないだけでなく，旅行サービス製品のように，複数の構成要素からなっているところから複雑であり，1つのサービス製品の提供に複数の業者や機関が関与する場合には，製品企画のときに考慮に入れなければならない事柄が増加するとともに，自社だけでコントロールできない要因が増えることになる。こうしたことにより，ミスや手違いが発生することがあるのである。

つまり，サービス企業が，全体としてのサービス提供を構成する個々のサービス提供を依存している他の企業や機関の状況等に関する知識を持つともに，それらに対して十分目を行き届かせていないと，ミスや手違いが発生することがあるのである。

　第2に，サービス業一般に共通して存在するサービス製品の供給能力の限界とサービス製品の在庫形成の不可能性が挙げられる。航空会社が提供している航空旅客輸送サービス製品の供給能力には，座席数と便数による限界がある。それに加えて，需要の増加に備えて航空旅客輸送サービス製品を予め在庫形成しておくことはできない。こうした理由から，無制限に航空旅客輸送サービス製品を供給することができるわけではないし，急に需要が増加しても必ずしもそれに見合うような供給増加を図ることはできないのである。つまり，航空会社の場合には，座席数と便数により供給能力に限界があることや，その航空旅客輸送サービス製品の無形性，損なわれやすさ等といった特質により在庫形成をすることができないことから，より限定的な座席数を事前購入割引運賃適用のものに回すことしかできないので，事前購入割引運賃適用の座席数に限りがあるということは至極当然のことなのである。また，そうした限りのある座席の全てを高い割引率での割引運賃適用にするということは，航空会社の収益性の観点からして実行不可能なことであるとみられるのである。問題は航空会社の航空旅客輸送サービス製品の供給能力にはもともと限界があるということから，全ての利用客の希望に必ずしも応えられない場合があるということを考慮して，なるべく利用客が広告メッセージを見落としたりしないように明確に事前購入割引運賃が適用される座席数には限りがあるということを表示するようにすべきであったのである。その後，航空会社は，以上のような問題を解決すべく，事前購入割引運賃の広告表示について改善を行った[35]。

　サービス企業が，そのサービス製品に関する広告を行うさいには，有形製品のように，事前に品質チェックのうえ，完成品として作り置きしておいた在庫品を注文に応じて取り出して提供・販売するということはできないので，サービス製品を提供するための事前の準備をしっかりとするとともに，サービス製

品の提供能力や提供態勢を整えたうえで，消費者・顧客にいつでも提供可能な範囲内あるいは約束できる範囲内での広告を行うべきである。

第6節　おわりに

　ここではサービス企業の広告の問題についてみてきたのであるが，サービス企業がそのサービス製品の広告を行うさいには，サービス製品の無形性，損なわれやすさ，異質性といった特質から，サービス企業の場合には，有形製品を取り扱っている製造業者が行う広告のように製品のブランドを中心に打ち出した広告を行うことはあまり向いていないものとみられる。こうした広告の仕方をするというよりはむしろ，主として無形のものからなるサービス製品の広告を様々な方法を用いることにより，消費者になるべく分かりやすいように伝達することが必要となってこよう。

　また，サービス広告を行う企業は，George and Berry（1981）が広告を行うさいのガイドラインとして挙げているなかの，特に可能であることの約束を遵守して，広告のなかで消費者に対して行った約束を守るようにするとともに，広告表示も消費者が誤解したり読み落としたりすることがないように，明確かつ正確なものであることを心掛ける必要がある。サービス企業としてはこうした広告展開の仕方を一貫して行っていくことにより，サービス企業に対する消費者からのより良い評判や信頼・愛顧を獲得していくことができるのであり，単にブランド名を告知したり周知させたりするだけの広告よりも長期的には効果のある広告を行うことができよう。

　結局のところ，主として無形のものからなるサービス製品を取り扱っているサービス企業としては，広告メッセージを効果的に伝達することもたしかに大切であるが，それよりも消費者に分かりやすくて誤解を与えず，期待を裏切らず，信頼を裏切らないような広告をすることの方が，サービス企業の良好なイメージの形成や消費者との間の信頼関係醸成のために重要となってくると思われるのである。

また，サービス企業の広告に対する研究の仕方についていえば，有形製品を取り扱っている製造業者が行っている広告の仕方というものをそっくりそのままサービス製品の広告に適用したり，有形製品の広告に関してなされている議論をそっくりそのままサービス製品の広告に適用するという研究の仕方をとるのではなく，サービス製品の特質を考慮して，どのような広告の仕方がサービス製品に向いているのか，サービス製品の広告がどうあるべきかを考えていく必要があるであろう。

●注
(1) サービス財の特質については，高橋（1998），8～10ページを参照のこと。
(2) Rossiter and Percy (1987), p.4, pp.15-16.
(3) Belch and Belch (1995), p.223.
(4) Rossiter and Percy, op. cit., pp.131-164.
(5) *Ibid.*, p.132.
(6) *Ibid.*, p.132.
(7) *Ibid.*, p.132.
(8) *Ibid.*, p.141.
(9) *Ibid.*, p.145.
(10) *Ibid.*, p.145.
(11) *Ibid.*, p.150.
(12) *Ibid.*, p.132.
(13) *Ibid.*, pp.155-156.
(14) *Ibid.*, p.132.
(15) 例えば Rossiter and Percy（1987）は，彼らの広告に関する議論のなかで，金融サービス会社や航空貨物輸送会社等を引き合いに出しているのであるが，こうしたことから彼らが，その広告に関する議論は有形製品だけでなくサービス製品にも当てはまるとみていることが分かる。*Ibid.*, p.138, p.142.
(16) Palmer (1994), p.130.
(17) Cowell (1984), p.141.
(18) サービス財の特質については，高橋（1992），8～10ページを参照のこと。

⒆　Berry, Lefkowith and Clark (1988), pp.28-30, 邦訳, 75～78ページ。Thomas (1978), p.162, 邦訳, 56～57ページ。
⒇　Palmer (1994), p.279. Cowell (1984), p.163.
㉑　Palmer (1994), p.279.
㉒　Cowell (1984), p.163.
㉓　Legg and Baker (1987), pp.282-291.
㉔　Berry (1980), pp.34-35.
㉕　Shostack (1977), pp.79-80.
㉖　Legg and Baker (1987), p.284.
㉗　Zeithaml, Bitner and Gremler (2013), pp.418-425.
㉘　*Ibid.*, pp.418-425.
㉙　*Ibid.*, p.415.
㉚　George and Berry (1981), p.411.
㉛　公正取引委員会編 (1993), 77～80ページ。
㉜　旅行業公正取引協議会の以前の公正競争規約は,『主催旅行の表示に関する公正競争規約』(平成4年10月1施行, 平成5年4月1日以降出発の主催旅行より適用) であった。元永　剛監修 (1993), 309～312ページを参照のこと。現在では, この公正競争規約は,『募集型企画旅行の表示に関する公正競争規約』に名称が変わり受け継がれている。この公正競争規約については, 旅行業公正取引協議会のウェブページにある次のPDF文書を参照のこと。
　　http://www.kotorikyo.org/representationrule/kiyaku_200910.pdf
㉝　『募集型企画旅行の表示に関する公正競争規約』については, 注㉜で紹介したPDF文書を参照のこと。
㉞　この事前購入割引運賃で問題となったことについては,『朝日新聞WEEKLY AERA』第9巻第29号 (1996年7月15日号), 10～13ページと,『朝日新聞』1996年7月27日付け記事を参照のこと。
㉟　こうしたことについては,『朝日新聞』1996年8月2日付け記事を参照のこと。

参考文献

Belch, G.E. and M.A. Belch (1995), *Introduction to Advertising and Promotion : An Integrated Marketing Communications Perspective*, 3rd ed., Richard D. Irwin, Inc.

Berry, L.L. (1980), "Service Marketing Is Different," *Business*, May-June, reprinted in C.H. Lovelock (1984), pp.29-37.

Berry, L.L., E.F. Lefkowith and T. Clark (1988), "In Services, What's in a Name?," *Harvard Business Review*, Vol.66, No.5, 1988, pp.28-32. (邦訳「ブランド・ネーミング——社名が握るサービス企業成功のカギ——」,『ダイヤモンド・ハーバード・ビジネス』1989年1月号, 75～78ページ。)

Brenner, N.L (1991), "How to Create an Integrated Communication System," Congram, C.A., (ed.), M.L. Friedman (Associate ed.) (1991), pp.367-384.

Congram, C.A., (ed.), M.L. Friedman (Associate ed.) (1991), *The AMA Handbook of Marketing for the Service Industries*, AMACOM.

Cowell, D. (1984), *The Marketing of Services*, Butterworth-Heinemann Ltd.

George, W.R., and L.L. Berry (1981), "Guidelines for the Advetising of Services," *Business Horizons*, Vol.24, July-August, reprinted in C.H. Lovelock (1984), pp.407-412.

Hoffman, K.D. and J.E.G. Bateson (1997), *Essentials of Services Marketing*, The Dryden Press.

Johnson, E.M., E.E. Scheuing and K.A. Gaida (1986), *Profitable Service Marketing*, Dow Jones-Irwin.

Kasper, H., P. van Helsdingen and W. de Vries, Jr. (1999), *Services Marketing Management : An International Perspective*, John Wiley & Sons.

Kurtz, D.L. and K.E. Clow (1998), *Services Marketing*, John Wiley & Sons.

Legg, D. and J. Baker (1987), "Advertising Strategies for Service Firm," C. Suprenant (ed.), *Add Value to Your Service*, AMA, pp.163-168, reprinted in C.H. Lovelock (1991), pp.282-291.

Levitt, T. (1981), "Marketing Intangible Products and Products Intangibles," *Harvard Business Review*, Vol.59. No.3, May-June, pp.94-102. (翻訳「無形製品と製品の無形性をどう売り込むか」『ダイヤモンド・ハーバード・ビジネス』1981年10月号, 16～25ページ。)

Lovelock, C.H. (1984), *Services Marketing : Text, Cases, & Readings*, Prentice-Hall, Inc.

Lovelock, C. H (1988), *Managing Services : Marketing, Operations, and Human Resources*, Prentice-Hall, Inc.

Lovelock, C.H. (1991), *Services Marketing*, 2nd ed., Prentice-Hall, Inc.

Lovelock, C. H. (1992), *Managing Srevices : Marketing, Operations and Human Resources*, 2nd ed., Prentice-Hall, Inc.

Lovelock, C.H. and L. Wright (1999), *Principles of Service Marketing and Management*, 1st ed., Prentice Hall.（小宮路雅博監訳，高畑　泰・藤井大拙訳『サービス・マーケティング原理』白桃書房，2002年。）

Lovelock, C.H. and L. Wright (2002), *Principles of Service Marketing and Management*, 2nd ed., Prentice Hall.

Palmer, A. (1994), *Principles of Services Marketing*, 1st ed., MacGraw-Hill Book Company.

Palmer, A. (1998), *Principles of Services Marketing*, 2nd ed., MacGraw-Hill Book Company.

Peterson, T. D. and S. Porges (1991), "Marketing and Communication Tools for Services Marketes," in C. A. Congram (ed.) and M. L. Friedman (associate ed.) (1991), pp.345-365.

Rossiter, J.R. and L. Percy (1987), *Advertising and Promotion Management*, McGraw-Hill Book Company.

Shostack, G. L. (1977), "Breaking Free from Product Marketing," *Journal of Marketing*, Vol.41, No.2, April, pp.73-80.

Siebert, S. (1985), "Advertising and the Professions," in G. Foxall (ed.), *Marketing in the Service Industries*, Frank Cass & Co. Ltd, pp.108-124.

Swartz, T. A. and D. Iacobucci (eds.) (2000), *Handbook of Services Marketing & Management*, Sage Publications, Inc.

Teare, R., L. Moutinho and N. Morgan (1990), *Managing and Marketing Services in the 1990s*, Cassel Educational Limited.

Thomas, D.R.E. (1978), "Strategy is Different in Service Business," *Harvard Business Review*, Vol.56, No.4, July-August, pp.158-165.（中野　工訳「サービス業では製造業と異質の戦略を」『ダイヤモンド・ハーバード・ビジネス』1978年12月号，52～60ページ。）

Zeithaml, V. A. and M. J. Bitner (2003), *Services Marketing : Integrating Customer Focus Across the Firm*, 3rd ed., McGraw-Hill/Irwin.

Zeithaml, V. A. and M. J. Bitner and D. D. Gremler (2006), *Services Marketing : Integrating Customer Focus Across the Firm*, 4th ed., McGraw-Hill/Irwin.

Zeithaml, V. A. and M. J. Bitner and D. D. Gremler (2013), *Services Marketing : Integrating Customer Focus Across the Firm*, 6th ed., The McGraw-Hill Companies, Inc.

浅井慶三郎・清水　滋編著（1991），『サービス業のマーケティング［改訂版］』同文舘出版。

川越憲治・疋田　聰（2007），『広告とCSR』生産性出版。

公正取引委員会編（1993），『公正取引委員会年次報告（独占禁止白書）（平成4年版）』㈶公正取引協会。

清水　滋（1968），『サービスの話』日本経済新聞社。

清水　滋（1990），『現代サービス産業の知識』有斐閣。

清水　滋（1994），『入門「サービス」の知識』日本実業出版社。

高橋秀雄（1990），「サービス業の戦略的マーケティング」橋本勲・中田善啓・陶山計介編『戦略的マーケティング』新評論，104～125ページ。

高橋秀雄（1994），『顧客主導型企業のための──サービス業の経営とマーケティング』中央経済社。

高橋秀雄（1996），「サービス製品の広告の問題について」『中京商学論叢』第43巻第1号，69～84ページ。

高橋秀雄（1998），『サービス業の戦略的マーケティング〔第2版〕』中央経済社。

高橋秀雄（1999），「サービス製品の独自性に対する認識に基づいた研究の必要性」『中京商学論叢』第45巻2号，113～134ページ。

高橋秀雄（2009），『サービス・マーケティング戦略』中央経済社。

元永　剛監修（1993），『独占禁止法質疑応答集（平成5年版）』別冊商事法務第147号，㈳商事法務研究会。

第6章

旅行業者の広告展開

第1節　はじめに

　ここでは，旅行業者（旅行会社）の広告について検討するのであるが，旅行業者の広告については，必ずしもそれのみに集中した議論がなされず，旅行業と併せて，旅行と関連するホテル，レストラン，航空会社等の広告をも同時に取り扱う，といったことがなされることがある。旅行業と旅行関連業界の広告の問題について，区別することなく論じている論者の議論を検討すると，次のような問題点がある。

　第1に，有形製品を前提とした広告に関する議論をそのまま適用しているだけであることが多い点である。このため，そうした議論は，旅行業者や旅行関連業界がそれぞれ取り扱っているサービス製品の特質により，その広告の展開の仕方が有形製品の広告の場合と比較してどのように異なってくるのかを必ずしも考慮したものとはなってはいないのである。

　第2に，旅行業者の広告だけでなく，様々な旅行関連業界（ホテル，レストラン，航空会社等）の広告をも併せて，それらを一体化させたかたちで取り上げている場合には，議論の焦点が絞り込まれておらず，議論が展開されるその都度，入れ替わり立ち替わり異なった業種に関する事柄が問題にされているところから，議論に整合性が欠如している点である。例えば，ここで検討する論者の議論についていえば，次のようなことが指摘される。

　まず，P. Kotler, J.T. Bowen and J.C. Makens（2010）であるが，彼らは，ホ

スピタリティ業（ホテル，レストラン，カフェ，バー等の業界のこと）の広告に関する事柄と旅行業の広告に関する事柄とを区分せずに取り扱っており，それらを一本化させたかたちで取り扱っている[(1)]。

次に，R.C. Mill and A.M. Morrison（2009），J.C. Holloway and C. Robinson（1995），V.T.C. Middleton, A, Fyall and M. Morgan with A. Ranchhod（2009）であるが，彼らは，旅行業者の広告に関する事柄だけでなくて，ホテルや航空会社等の旅行関連業界の広告に関する事柄をも併せて取り扱っており，それらを一本化したかたちで取り扱っている[(2)]。

本来，旅行業者以外の，ホテル，レストラン，航空会社等といった様々な業種の企業は，いずれも旅行関連の業種に含まれる企業ではあるものの，それらの展開する広告戦略は，そのそれぞれが置かれた事情の相違により微妙に異なってくるので，サービス業全般に通ずる最大公約数的な広告の問題について取り上げるのならともかく，取り上げる個々のサービス業種を特定化したうえでの広告問題の論じ方としてはふさわしいものとはいえない。

例えば，旅行業者の広告は，旅行者（観光客，訪問旅行客，商用旅行客）をターゲットとして展開されるものの，ホテルは，旅行者のみをターゲットとして営業活動を行っているわけではなく，それ以外の顧客（例えば，旅行目的ではなく，講演会，宴会，飲食，パーティ等のサービスの利用を目的とする顧客）をもターゲットとして営業活動を行っているので，ホテルの広告は，旅行者だけでなく，それ以外の顧客をもターゲットとして展開されるのである。さらに，Kotler, Bowen and Makens（2010）のように，ファストフードレストランの広告の問題まで視野に入れるとなると，旅行業者の広告との関連性がますます薄くなってくるのである[(3)]。このように，旅行業者，ホテル，レストラン等のそれぞれの広告に関する事柄を区分せずに一体化させたかたちで取り扱うと，議論の整合性が失われることになる。

こうしたところから，以下で，様々な論者が展開している広告に関する議論を検討していくさいに，ホテル，レストラン，航空会社等といった旅行関連業界の広告の問題は除いて，旅行業者の広告の問題のみに絞ってみた場合にどう

であるかという観点から検討していくことにする。そして，様々な論者が展開している広告についての議論を検討することを通じて，主として無形のものからなる旅行サービス製品の広告がどのように展開されるべきなのかを検討していくことにする。

第2節　旅行サービス製品の特質と広告

　旅行業者の広告の仕方やその影響・効果は，それが対象とする旅行サービス製品の特質に規定されることになる。つまり，旅行サービス製品は，他のサービス製品と同様に主として無形のものからなるので，必ずしも有形製品を広告するような仕方で広告することができないのである。旅行業者の広告を規定することになる旅行サービスの特質は，以下のようなものである[4]。

① 　無形性。旅行サービス製品は，主として無形のものからなっており，その購買以前に直接具体的に目で確かめてみることができないものである。旅行サービス製品は，単に無形なので分かりにくいというだけでなく，旅行サービス製品を構成する旅行素材（運送サービス，宿泊サービス，飲食サービス，娯楽サービス等）には様々なものがあり複雑なので，より一層分かりにくいものになりやすい。

② 　損なわれやすさ。旅行サービス製品は，生産されたと同時に消滅してしまうものである。それゆえ，旅行サービス製品を在庫しておくことはできない。旅行サービス製品の在庫形成は不可能なので需給調整が難しいなかで，旅行サービス製品に対する需要は季節的，時期的に変動しやすい。そうしたことから旅行サービス製品は需要の変動による影響を受けやすい。

③ 　生産と消費の同時性。旅行サービス製品は，生産されると同時に消費されるものであり，生産の時点と消費の時点とを有形製品のように分離することはできないのである。それゆえ，顧客がパッケージツアーを利用し旅行中のときに，何らかの手違いや手配ミスがあって，対応が十分なされなかった場合には，品質が十分でないものがそのまま提供されてしまうこと

になる。時間制約のなかで旅行サービス製品の提供がなされ、基本的にやり直しができないので、迅速に手違いや手配ミスの発生に対応したとしても、完全にリカバーできるかどうかは分からないのである。

④　異質性。旅行サービス製品は生産されるそのときどきにおいて、その品質にばらつきが生じやすく、画一的で均質な品質標準を達成することは困難である。こうしたことは、旅行業者や種々の旅行素材を旅行業者に提供しているホテル、レストラン等は概して労働集約的なところなので、旅行サービス製品を構成する個々のサービスの提供・配達を人に依存することが多いということから生ずるのである。

⑤　所有権の欠如。旅行サービス製品は主として無形のものからなるので、それを有形製品のように所有することはできない。つまり、消費者は、旅行サービス製品の購入により、旅行サービス製品そのものを手に入れることはできないのであり、旅行に出かけることにより体験しサービス消費するだけである。

⑥　旅行サービス製品は、航空会社、鉄道会社、バス会社等による運送サービス、ホテルや旅館による宿泊サービス、レストランによる飲食サービス、遊園地等による娯楽サービス等といったような、いくつかのサービス（場合によっては土産物店の商品等の有形製品も含まれる）が組み合わされたものである[5]。つまり、旅行サービス製品の場合には、単一の企業だけでその提供を行うことはできないので、それは複数の企業や機関が提供するサービス製品等の組み合わせにより提供されることになるのである。

　旅行サービス製品は、このように様々な企業や機関（労働集約性が高いことが多い）の様々なサービス製品等を組み合わせることにより、提供されるので、これらの企業や機関がそれぞれ品質の良いサービスを提供しないと全体としての旅行サービス製品の品質の維持ができないことになる。飲食サービス単品を品質管理する場合のように、単純なことではないのである。

⑦　旅行サービス製品（特にパッケージツアー）の場合、総体としての旅行

サービス製品の在庫形成はできないものの，それを構成する一部分のものは予め，客車や旅客機の座席の予約，ホテルの客室の予約といったかたちで，在庫形成することができる[6]。ただし，ホテルや航空会社の供給能力には，それぞれ座席数と便数による制約，客室数による制約があるので，それらの供給能力以上に需要が増えても対応することはできない。

これらのうち，①〜⑤は，サービス製品一般が持っている特質である。残りの⑥と⑦は，旅行サービス製品に特有の特質である。旅行業者が，旅行サービス製品の広告をするさいには，これらの特質を考慮に入れる必要がある。

上述のように，例えば，旅行業者の主力製品であるパッケージツアーの場合には，単にそれが無形のものなので分かりにくいというだけでなく，その提供に航空会社，鉄道会社，バス会社，船会社，ホテルや旅館，レストラン，遊園地，美術館，博物館等の様々な企業や機関が関わるので，他のサービス製品と比較してかなり分かりにくいものになりやすいのである。そうしたところから，分かりにくいものをできるだけ分かりやすく消費者に広告する工夫が必要である。また，旅行業者が，パッケージツアーを広告するさいには，パッケージツアーを構成する各旅行素材の事情や状況がどのようであるかについてしっかりと把握したうえで広告メッセージや広告コンテンツを作成する必要がある。旅行業者がパッケージツアーの広告を行うさいには，これらの点を考慮する必要がある。

第3節　広告に関する意思決定過程

1　広告に関する意思決定過程

Kotler, Bowen and Makens（2010）は，広告に関する意思決定過程が，だいたいにおいて，①広告目標の設定→②広告予算に関する意思決定→③広告メッセージに関する意思決定→④広告媒体に関する意思決定→⑤広告キャンペーンの評価（言い換えれば，広告効果の評価）といった過程よりなるものとしてい

る[7]。

　広告に関する意思決定過程がどのような過程からなるのかについては様々な捉え方があるであろうが，ここでは旅行業者の広告の問題を検討していくために，便宜的に，旅行業者の広告に関する意思決定過程が，このような過程を経るものであると捉えることにする。以下では，こうした広告に関する意思決定過程に従って，旅行業者の広告の問題について検討していくことにしよう。

2　広告目標の設定

　旅行業者がその旅行サービス製品の広告をするさいに，まず何らかの広告目標を設定する必要があるが，そうした設定すべき広告目標にはどのようなものがあるのであろうか。以下では，旅行業者（及び旅行関連業者）の広告目標として，様々な論者によりどのようなものが挙げられているのかをみてみることにする。

　まず，Kotler, Bowen and Makens（2010）は，広告目標として，①情報提供，②説得，③想起の３つを挙げている[8]。

　次に，J.C. Holloway and R.V. Plant（1995）は，広告目標として，①注意を引くこと，②関心を創り出すこと，③欲求を抱かせること，④行動を起こさせることを挙げている[9]。

　さらに，Mill and Morrison（2009）は，販売促進ミックス（広告はこのなかの１つの構成要素として含まれる）の最終的な目標として行動の変更（具体的にいえば，購買行動のこと）を挙げ，この最終的な目標の達成は，情報提供，説得，想起させるためのメッセージを通じて達成されるとしている。つまり，彼らは，広告の目標として，①情報提供，②説得，③想起の３つがあることを認めているのである[10]。

　Middleton, Fyall and Morgan with Ranchhod（2009）は，広告目標として，①認知，②情報提供，③説得，④想起を挙げている[11]。

　これらの広告目標として挙げられているものは，有形製品を取り扱っている製造業者の広告目標としても挙げられているものであり，旅行業者や旅行関連

業界のみで設定される広告目標というわけではない。また，旅行業者の広告目標として，消費者の購買行動を起こさせること，情報提供，説得，想起が挙げられているが，これについては，R.C. Mill and A.M. Morrison（1992）が述べているように，旅行業者の広告をも含めた販売促進ミックスないし販売促進活動の最終的な目標は，消費者に旅行サービス製品に対する購買行動を起こさせることにあるが，旅行業者がこの最終的な目標を達成するために，その都度広告を行っていくさいの目標としては，情報提供，説得，想起の3つがあると整理すればよいであろう。

Kotler, Bowen and Makens（2010）が広告目標として挙げている，情報提供，説得，想起に対応する情報提供広告，説得広告，想起広告のそれぞれがどのようなものであるのかをみていくことにしよう。

① 情報提供広告というのは，「新製品カテゴリーを導入するときや，目的が最初の需要の形成であるときにかなり用いられる」ものである[12]。
② 説得広告というのは，「競争が強まるときや企業の目的が選択的需要の形成になるときに重要になる」ものである[13]。
③ 想起広告というのは，「それが，製品についての消費者の考えを維持するがゆえに，成熟製品にとって重要な」ものである[14]。

これらのものは，元来有形製品を念頭において挙げられているものなので，これらのそれぞれがどの程度旅行業者の広告に妥当するものなのかを検討していくことにしよう。

まず，情報提供広告についていえば，旅行業ではその取り扱っている旅行サービス製品のなかに組み込まれている旅行先の観光地・リゾート地といった観光資源の数には限りがあること等の理由から，全くの新製品の導入というものがあまりなされないので，リゾート開発等により新規に観光地・リゾート地が現れたときや，最初にエコツアーが現れたときのように新しいコンセプトによる旅行サービス製品が開発されたとき等を除外すれば，情報提供広告はあまり頻繁に行われるものではない。つまり，旅行業者は，新しい旅行サービス製品を案内したり，その最初の需要を喚起するための広告をさほど行わないので，

情報提供広告はときおりなされる程度のものといってよい。

　次に，説得広告についていえば，例えば，Kotler, Bowen and Makens(2010)が触れているようなブランド間の比較広告といったかたちでの説得広告をすることは，旅行サービス製品の広告については困難であることが指摘される。旅行サービス製品には，例えば，そのなかのパッケージツアーが典型的であるが，たしかにブランドというものは存在する。ただし，パッケージツアー等の旅行サービス製品にはブランド名が付けられているものの，ブランド化による差別化を図ることは，パッケージツアー等の旅行サービス製品のブランド化の基盤となるものの脆弱さにより困難であることが指摘される。それは次のような理由からである。

　第1に，Middleton（1988）が指摘しているような，旅行サービス製品相互間に代替性がみられ，価格弾力性が高いという問題があるからである[15]。つまり，消費者は，同一の目的地を対象としている旅行サービス製品の選択肢が複数ある場合，どれを利用しても同じのことが多いので，結局は旅行代金が安い方を選択する傾向があるのである。消費者は，自分のお金で旅行するところから，旅行代金は安い方がよいと思うことが多いし，旅行代金を節約し，浮いたお金で食事や買い物をしたいので，代金が安く済む旅行サービス製品を利用することが多いのである。こうしたところから，旅行商品の価格弾力性が高いことになり，旅行サービス製品相互間の代替性が高くなるのである。

　第2に，A.J. Burkart（1985）が，特にパッケージツアーに関して指摘しているような，「製品の物理的特徴はだいたいにおいて定まったものとなっており，変化させることができない」ので，「効果的な製品差別化の範囲は制限されている」という問題があるからである[16]。Burkart（1985）は，こうしたことがあるので，例えば，旅行業者間で他社（特にリーダー企業）の旅行サービス製品の模倣をするようになる結果として，各旅行業者の旅行サービス製品間に，「著しい整合性」がみられるようになるとしている[17]。

　要するに，各旅行業者が種々の旅行素材を供給してもらっている供給業者（ホテル，レストラン，航空会社等）の数や観光資源・リゾート地の数には限

りがあり，他社のそれらの利用を排除することができないところから，各旅行業者が提供する旅行サービス製品の内容が類似したものとならざるを得ないので，旅行サービス製品相互間に代替性がみられるようになり，旅行サービス製品の差別化を図ることが困難となり，旅行サービス製品相互間での価格弾力性が高くなるのである。

それゆえ，旅行サービス製品のブランド間の比較広告をするにしても，各々の旅行サービス製品のブランドの基盤が強固なものではなく，旅行業者各社の旅行サービス製品間の差異があまりないので実効性の薄いものとなるであろう。比較広告以外の形態での説得広告をするにしても，やはり訴求対象となる各々の旅行サービス製品ブランドの基盤の脆弱さにより，あまり説得的なものとはならない可能性があるのである。

さらに，想起広告についてであるが，これについては旅行業者の広告に問題なく妥当するといってよい。つまり，旅行業者の広告をみてみると，各々の観光地やリゾート地等の旅行シーズンに合わせて，消費者にそうした観光地やリゾート地への旅行を想起させるような広告を行っているからである。しかもこうした想起広告は，特に旅行サービス製品のなかのパッケージツアーには，有形製品でいうところの成熟段階に達しているものが多いところからも，旅行業者の広告に向いているものといってよい。

3　広告予算に関する意思決定

Kotler, Bowen and Makens（2010）は，広告をも含むマーケティング・コミュニケーション予算の決定方法として，①支出可能な金額にする方法，②売上高の一定割合とする方法，③競争的同率法，④目標や稼業による方法の4つを挙げている[18]。当然のことながら，Kotler, Bowen and Makens（2010）によれば，旅行業者が広告予算のみに関する意思決定を行うさいにも，支出可能な金額とするのか，自社の売上高の一定割合とするのか，競合他社の広告費の動向や業界の平均値に合わせた金額とするのか，特定の目標や稼業を達成するのに必要な広告費の金額とするのかのいずれかの方法により決定するということ

になる。こうした広告予算の決定方法についていえば，これらのものは有形製品や旅行サービス製品をも含めたサービス製品一般の広告予算の決定方法として利用できるものなので，旅行業者の広告予算決定方法として挙げても特に問題はない。

　Kotler, Bowen and Makens（2010）は，広告予算を決定するさいには，こうした方法のいずれかを用いるのかを考慮するだけでなく，次の５つの要因を併せて考慮する必要があるとしている。つまり，①製品ライフサイクルの段階，②競争と喧噪（けんそう），③マーケット・シェア，④広告の頻度，⑤製品差別化の５つの要因である[19]。

　これらの５つの要因のなかで，旅行業者の広告予算の決定にさいして，考慮に入れること自体が困難なものとみられる要因として製品差別化がある。つまり，さきに述べたように，旅行サービス製品を差別化するさいの基盤の脆弱さやその価格弾力性の高さにより，旅行サービス製品のブランド化による差別化を図ることは困難なので，広告予算の決定のさいに，製品差別化を図るということを考慮に入れても，あまり意味がないと思われるのである。

　そして，製品ライフサイクルの段階という要因についていえば，これについてもさきに述べたように，全く新しい旅行サービス製品というものはあまり開発されることがないので，製品ライフサイクルの導入期や成長期のものは少なく，その成熟期に達したものは数多くみられる。その理由は，旅行サービス製品の主たる内容をなす旅行先の観光地・リゾート地といった観光資源の数には限りがあり，有名な観光地・リゾート地の所在地は予め決まっているからということと，リピート顧客が何回も同じ観光地・リゾート地を訪問するようになっているからということにある。また，衰退段階に達している旅行サービス製品があったとしても，有形製品のように必ずしもそれが廃棄につながるというわけではないとみられる。その理由は，その観光地・リゾート地が存続するかぎり，それは存続し続けるとみられるからであり，また何らかのきっかけにより復活することもあり得るとみられるということにある。このようなことから，旅行サービス製品のライフサイクルは，有形製品のライフサイクルとは異

なったものとなってくるものとみられる。

　また，Kotler, Bowen and Makens（2010）の，導入期にある新製品の認知を得るための広告費は多く，成熟期にある製品の広告費は少なくて済むという主張についていえば，有形製品の広告やサービス製品のなかでも有形の構成要素を多く伴っており，よく新製品の開発がなされるファストフードの広告であれば特に問題はないものといえる[20]。しかしながら，全く新しい旅行サービス製品というものがあまりみられず，たとえ全く新しい旅行サービス製品が登場してきたとしても，旅行者が多く訪れる成熟期にある旅行サービス製品と比較してその重要性が果たして高いものなのかという疑問があるような導入期の新旅行サービス製品の広告予算の決定の問題には，さほど妥当しないものとみられるのである。

　さらに，競争と喧噪という要因についていえば，旅行業界では各旅行業者が，旅行サービス製品のブランド訴求のために広告費を投入してしのぎを削るということをさほど行っているものとはみられないので，これについてもあまり旅行業者の広告予算の決定にさいしてさほど意味のあるものではないとみられるのである。

　以上の検討から，Kotler, Bowen and Makens（2010）が挙げている5つの要因の全てが，旅行業者の広告予算の決定のさいに必ずしも考慮されるわけではないことが指摘されるのである。

4　広告メッセージに関する意思決定

　旅行業者が広告の標的とする消費者に対して，広告を通じて伝達しようとするメッセージに関する問題についてみていくことにしよう。この問題については，Kotler, Bowen and Makens（2010）が述べていることを検討していくことに考えていくことにする。

　Kotler, Bowen and Makens（2010）は，広告メッセージに関する意思決定に関して，どのような広告メッセージにするのかの意思決定を行うさいのクリエイティブ戦略の開発が，①メッセージの創出→②メッセージの評価と選択→③

メッセージの実行の3段階を経るとしている[21]。

　まず，広告メッセージの創出に関しては，特に，サービス製品の無形性という特質が，「一般的に，メッセージの創出に対する真の挑戦を課する」ことになると述べている[22]。Kotler, Bowen and Makens（2010）が示唆しているように，旅行サービス製品の無形性という特質は，どのような広告メッセージにすれば，無形の旅行サービス製品を消費者に分かりやすく伝達することができるのかという，広告メッセージの創出をするときの課題を突き付けることになるであろう。

　次に，メッセージの評価と選択であるが，これは創出されたいくつかの広告メッセージの評価に基づいて，広告メッセージとして実際に用いるものを選択するというものである。Kotler, Bowen and Makens（2010）は，この広告メッセージの評価は，①広告メッセージに意味があり，便益を指摘するものであること，②特色があること，③信用できることの3点に基づいて評価されるべきであるとしている[23]。

　Kotler, Bowen and Makens（2010）がいうように，利用する広告メッセージには何らかの意味があって，旅行サービス製品の何らかの便益を指摘するものであり，何らかの特色があるものであり，信用できるものでなければならないのである。ただし，旅行業者が広告メッセージの選択を行うさいの評価基準としてみた場合には，これら3つのものだけでは不十分であり，George and Berry（1981）がサービス広告を行うさいのガイドラインとして挙げているもののなかの，「サービス製品を分かりやすくすること」，「可能であることの約束」といったことが，それらに加えられるべきであると思われる[24]。つまり，広告メッセージの内容やそのなかで述べられていることが，旅行サービス製品の内容等を消費者に分かりやすく伝達するものとなっているのか，消費者に対して実行可能なものとなっているのかといったことが加えられるべきであると思われるのである。

　最後に，広告メッセージの実行であるが，これは具体的にどのような「スタイル，調子，言葉やフォーマット」で広告メッセージを消費者に提示するのか

ということである㉕。そうした広告メッセージを実行するさいのスタイル等として Kotler, Bowen and Makens (2010) は，①人生の一断面，②ライフスタイル，③ファンタジー，④ムードあるいはイメージ，⑤ミュージカル，⑥パーソナリティ・シンボル，⑦技術的専門知識，⑧科学的な証拠，⑨証言的な証拠の9つを挙げている㉖。

　これらのなかで，旅行業者の広告メッセージの実行のさいに利用することが困難なものは，パーソナリティ・シンボル，技術的専門知識，科学的な証拠，証言的な証拠の4つである。

　まず，パーソナリティ・シンボルと証言的な証拠については，次のようなことが指摘される。旅行サービス製品（特にパッケージツアー）というのは，他の旅行業者のそれと大して変わりのない観光地・リゾート地を目的地として，他の旅行業者も利用可能なホテル，航空会社，レストラン等といった様々な供給者から供給される様々なサービス製品等を組み合わせることにより造成されるものである。そうしたところから，広告のなかで，旅行サービス製品を表すようなパーソナリティ・シンボルを利用したり，旅行サービス製品の品質や価値等についての証言的な証拠を人々から信頼感や好感をもたれている人物にしてもらったりするといったことを行おうとしても，自社の旅行サービス製品の内容等が他の旅行業者の旅行サービス製品の内容等と比較して大差がないことが多いので，パーソナリティ・シンボルや証言的な証拠により，自社の旅行サービス製品のどういったところを訴求するのかということ自体を確定することが困難であると思われるのである。パーソナル・シンボルや証言的な証拠の利用というのは，どちらかといえばホテルのように，自前の施設・設備を持っており，場合によっては，他社にはみられない自社独自のサービスを提供することができるようなところに向いているであろう。

　次に，技術的専門知識，科学的な証拠については，次のようなことが指摘される。つまり，航空機等の施設・設備があるような航空会社や，食材という目に見える物的なものを取り扱っているレストラン業であれば，技術的専門知識や科学的な根拠を利用した広告メッセージの提示を行うことができるのである

が，旅行業者の場合には，それが複数の旅行素材を組み合わせることによる旅行サービス製品の造成業務，旅行相談や旅行斡旋業務，添乗業務等を行っているだけであるということから，特に技術的・科学的な基盤となるものはないので，そうしたことを行うのは不可能に近いということである。

こうしたことから，旅行業者が広告メッセージを実行するさいに利用可能なものは，人生の一断面，ライフスタイル，ファンタジー，ムードあるいはイメージ，ミュージカルの5つのものである。つまり，人生の一断面を示すようなもの，特定のライフスタイルを示すようなもの，幻想的な雰囲気，ムードやイメージ，音楽といったものの利用により，旅行サービス製品の広告メッセージの実行を行うことになるのである。それゆえ，旅行サービス製品の広告は，ややもすればイメージ広告となりやすいのである。

5　広告媒体に関する意思決定

旅行業者が利用可能な主な広告媒体として，通常，テレビ，ラジオ，新聞，雑誌，パンフレット，ダイレクトメール，チラシ，インターネット等が挙げられる。

Kotler, Bowen and Makens（2010）は，広告媒体の選択に関して，それは各広告媒体の到達範囲，頻度，影響がどのようなものであるのかを知ったうえで，そうした各広告媒体の到達範囲，頻度，影響，各広告媒体の利用に掛かる費用，広告を露出するタイミングを考慮してなされるものであると捉えている[27]。ここで，到達範囲というのは，「ある期間内に広告キャンペーンが露出される標的市場における人々の割合」のことであり，頻度というのは，「標的市場において，何回ぐらい平均的な個人にメッセージが露出されるのか」ということに関するものであり，影響というのは，「ある媒体により露出されるメッセージの質的な価値」のことであるが，これらが広告媒体のそれぞれによりどのように異なっているのかをまず知るべきであるというのである[28]。そして様々な広告媒体間の到達範囲，頻度，影響の相違と，様々な広告媒体間の費用の相違を考慮に入れ，さらに，広告を露出するタイミングをどのようにするのかを考慮

に入れて，利用する広告媒体の選択をするというのである。

　旅行業者のインターネットによる広告は，例えば，自社のウェブページ上にパッケージツアーや宿泊プラン等の旅行サービス製品を掲載するという仕方，あるいは他社のウェブページ上に広告を掲載するといった仕方等でなされている。こうした旅行業者がウェブページ上に掲載している広告というのは，N.R. Adam, O. Dogramaci, A. Gangopadhyay and Y. Yesha（1999）のいうような電子カタログというべきものであり，旅行業者が従来から利用してきている紙のパンフレットを電子化したものということができる[29]。

　旅行業者の紙のパンフレットというのは，V.T.C. Middleton（1994）が挙げているような，旅行サービス製品に対する消費者の注意を引いたり，消費者を旅行サービス製品の購買へと動機づけたり，消費者の旅行サービス製品の購入時点における旅行サービス製品の代替物となったり，消費者が実際に旅行に出発するまでの間の旅行サービス製品の代替物となったりするといった役割を担うものであり，旅行業者にとっては最も重要な広告媒体である[30]。

　このような役割を担っている紙のカタログをインターネットという広告媒体の利用により電子化するわけであるが，この広告として機能する電子カタログ（電子化されたパンフレット）が紙のパンフレットと異なるのは次の点である。

　第1に，電子カタログの場合には，印刷製本の手間や費用が掛からず，店頭のラックに並べて配布する必要がないので低コストで利用できる。

　第2に，電子カタログの場合には，オンラインで顧客から旅行サービス製品の予約を受け付けることができて，電子メールで顧客との間のコミュニケーションができたり，24時間いつでもインターネット・ユーザーの求めに応じて広告を露出できるといった点である。特にオンラインでの予約受付，電子メールでのコミュニケーションといった，インターネットという広告媒体がもつインタラクティブな特性，言い換えれば双方向性は，一般的によく指摘されているように，一方的に広告メッセージを伝達するだけの在来の広告媒体にはみられないものである[31]。

　第3に，電子カタログによるインターネット広告の場合には，旅行業者に必

要なノウハウさえあれば，旅行業者自らが広告のデジタル・コンテンツを制作し掲載することが可能なのであり，必ずしも広告会社に広告のデジタル・コンテンツの制作を依頼しなくてもよいのである。

このようにインターネットという広告媒体（特に電子化されたパンフレット）は，既存の広告媒体とは異なった特性をもつところから，それを利用する旅行業者の広告戦略や販売戦略に大きな影響を与えることになるので，その重要性は高いといえる。

6 広告キャンペーンの評価（広告効果の評価）

広告キャンペーンの評価(広告の効果)の評価に関して，Kotler, Bowen and Makens（2010）は，視聴者にどの程度広告メッセージの内容等がうまく伝達されたかを測定するための方法として，①コミュニケーション効果の測定と，②広告による訴求が売上高の増加に対してどの程度貢献したのかを測定する売上高に対する効果の測定，③製品やブランドの認知の事前テストと事後のテストを行う認知効果の測定の3つのものを挙げている[32]。旅行業者の広告効果も基本的には，これらの方法により測定されるものとみてよいが，上述のように，旅行業者の広告はイメージ広告になりやすく，各々の旅行業者が取り扱っている旅行サービス製品の内容等やそのなかに組み込まれている旅行先の観光地・リゾート地に大差はなく，旅行サービス製品のブランド力はさほどないので，Kotler, Bowen and Makens（2010）が挙げているようなコミュニケーション効果測定方法のうちのポートフォリオ・テストや想起テストはあまり有効に機能しないかもしれない[33]。

広告効果の測定が割合うまくいくと思われるのは，既存の広告媒体による広告効果の測定の場合というよりは，インターネットという新しい広告媒体による広告効果の測定の場合であろう。インターネット広告の場合であれば，視聴者としてのインターネット・ユーザーがどれくらい，それにアクセスしたのかを，インターネット広告の露出回数だけでなく，インターネット広告に対するインターネット・ユーザーのクリック回数のカウントによっても測定すること

もできるからである[34]。

第4節　広告等が消費者の購買意思決定過程に及ぼす影響

　Mill and Morrison（2009）は，広告等の手段による販売促進と消費者（観光客）の購買過程との関係について問題にし，広告等の手段による販売促進がどのようにして消費者の購買過程に影響を及ぼして，最終的な目標である消費者の行動の変更，つまり，消費者の旅行サービス製品の購買に至るのかを明らかにしている。Mill and Morrison（2009）によれば，消費者の購買過程は，①注意→②理解→③態度→④意図→⑤購買→⑥採用といった6つの過程よりなるものである。そして彼らによれば，情報提供的販売促進により，①注意→②理解の過程に働きかけ，説得的販売促進により，③態度→④意図→⑤購買の過程に働きかけ，想起的販売促進により，⑥採用の過程に働きかけることになり，最終的な目標である行動の変更を起こさせるのである[35]。

　理論的には，旅行業者の広告等の手段による販売促進と消費者の購買意思決定過程との関係は，以上のように整理されるのであろうが，さきに述べたように，①注意→②理解の過程と③態度→④意図→⑤購買の過程にそれぞれ働きかける情報提供広告と説得広告がどの程度有効に機能するのかという問題があるので，果たしてこうした理論モデルどおりにいくのかどうかやや疑問があるのである。つまり，旅行サービス製品の無形性や，旅行サービス製品が様々なサービス等の組み合わせからなり，それらの組み合わせが他の旅行業者のものとあまり変わりがなく，旅行サービス製品間の価格弾力性が高いということから，全く新しい旅行サービス製品の開発をしたり，旅行サービス製品のブランド化を図ったりすることが有形製品の場合と比較して困難なので，情報提供広告や説得広告を行うさいの明確な訴求対象がないことが多いのである。それゆえ，情報提供広告や説得広告はあまり有効に機能せず，特に広告による販売促進が，どの程度有効に消費者の購買意思決定過程に働きかけられるのかという問題があるのである。少なくとも，旅行サービス製品の場合には，旅行サービ

ス製品間の価格弾力性が高いことを考慮して，情報提供広告や説得広告のなかでブランド訴求をするよりは，例えば，低価格訴求をする方が効果的なのかもしれない。

第5節　旅行業者の広告に対する規制

　旅行業者は，以上のような意思決定過程を経ることにより，広告活動を展開していくのであるとしても，その広告に対しては，公的規制や業界全体としての自主規制がなされてきているので，そうした規制を考慮したうえで広告活動を展開していく必要性がある。

　まず，旅行業者の広告に対する公的規制からみていくと，旅行業法により，旅行サービス製品の代金・内容・品質，旅行の目的地の景観・環境等の事項に関して，誇大広告を行うことが禁止されているし，募集型企画旅行の広告の表示方法（企画旅行業者の氏名・名称を文字の大きさに留意して明確なものとなるようにすることや，旅行代金の表示方法）や表示事項（企画旅行業者の氏名・名称，旅行の目的地と日程，旅行者に提供される運送，宿泊または食事のサービスの内容，旅行代金等といった事項の表示の義務づけ）に関する規制がなされているのである[36]。

　次に，旅行業界全体としての広告に関する自主規制であるが，これについてはこれまでに次のようなかたちでなされてきている。

　例えば，旅行業公正取引協議会が，『募集型企画旅行の表示に関する公正競争規約』という業界の自主的な取り決めを作成して，業界全体としての自主規制を行ってきているが，旅行業者としては，この公正競争規約も遵守する必要がある[37]。この公正競争規約による募集型企画旅行の広告表示に対する規制の例を，以下でいくつか紹介することにする[38]。

　例えば，名物料理の賞味等の食を主な目的とするグルメツアーの場合には，提供される料理の具体的な表示をする必要がある（ただし，利用店が有名店である場合は，店名を表示することにより，具体的な料理内容の表示を省略でき

る)。

　価格表示に関しては，一般価格，通常販売価格，一般標準価格，市価その他の価格と比較した二重価格表示が禁止されている（ただし，同一の募集型企画旅行について最近相当期間にわたって実際に販売されていた旅行代金との比較等は，この限りでない)。

　また，観光施設，立地条件，見学方法，景観，環境等に関する事実と相違する表示や，それらが実際よりも著しく優良であると誤認されるおそれのある表示，といった不当表示をすることが禁止されている。

　このように，旅行業者がその旅行サービス製品の広告をするさいには，公的規制や業界全体としての自主規制を受けることになるので，その広告表現が誇大で誤解を招くものとならないように，そして広告の表示方法や表示事項が適正なものであることに留意して行う必要がある。旅行業者が，広告メッセージ作成に関する意思決定を行うさいには，十分に公的規制や自主規制を考慮したうえで，それを行う必要性がある。

　広告に対する公的規制や業界全体としての自主規制により，旅行業者は自由に広告メッセージの作成等ができないことがあるかもしれないが，旅行商品の適正な取引の確保や旅行業の健全な発展のため，公的規制，自主規制を遵守して広告を行うべきである。消費者から信頼性を勝ち得ることの方が重要なので，ルールを守って広告を行うのがよい。

第6節　おわりに

　旅行業者の広告の問題を取り扱うさいしては，それが旅行サービス製品という主として無形のものからなるものを対象としているので，有形製品を対象とした広告の仕方をそのまま適用してはならない。

　また，旅行業者の広告問題と旅行関連業界に属するホテル，レストラン，航空会社等のそれぞれの広告問題を全て一本化させたかたちでの広告問題を取り扱うというやり方は，もちろん，これらの業種のマーケティング問題の全てを

一本化させたかたちで取り扱うというやり方と同様に望ましいことではない。というのは，全ての業種に当てはまる事柄と，ある業種に当てはまっても他の業種には当てはまらないという事柄が，区別されることなく渾然一体となった状態で取り扱われることになるので，議論の論点を絞りきれずに，その整合性を保つことができなくなってくるからである。しかも，旅行業者と旅行関連業界とを一体化させたかたちで取り扱うと，それらがある程度似通った特徴をもつということから，さらに議論に混乱が生じてくる可能性がある。

それゆえ，サービス業の広告問題について論ずるさいには，議論の対象を明確にしたり，議論の理論的整合性を保ったりするために，サービス業全般に関わる最大公約数的な広告問題を取り上げるか，あるいは旅行業者の広告問題のみといった具合に，個別のサービス業種の広告問題を取り上げるかのいずれかの方法により論ずる方がよい。

こうした点について明らかにするために，以上のような議論を展開してきたのであり，旅行業者の広告問題を取り扱うさいには，その旅行サービス製品の特質等を考慮に入れて，どのようなかたちで広告を展開するべきなのかを問題にしていくべきなのである。

さらに付け加えておくと，広告規制という他のサービス業種では必ずしもみられないような事情を考慮して，旅行業者の広告がどのようなかたちでなされるべきなのかといったことを問題にしていく必要があるであろう。

●注
(1) Kotler, Bowen and Makens (2010), pp.356-393.
(2) Mill and Morrison (2009), pp.199-222. Holloway and Robinson (1995), pp. 103-127. Middleton, Fyall and Morgan with Ranchhod (2009), pp.292-315.
(3) Kotler, Bowen and Makens (2010), p.363.
(4) サービス製品の特質や旅行サービス製品の特質については，次を参照のこと。高橋 (1998)，8～10ページ，109～110ページ。Cowell (1984), pp.23-27．Rathmell (1974), pp.6-8.

(5) Mill and Morrison (2009), pp.190-191. Middleton (1988), pp.79-80.
(6) この点について付け加えておくと，例えば，Stanton (1984) は，ホテルが持っている余分な客室を在庫と見なしている (p.504)。
(7) Kotler, Bowen and Makens (2010), pp.379-389.
(8) *Ibid.*, pp.379-380.
(9) Holloway and Plant (1995), p.138.
(10) Mill and Morrison (2009), pp.200-202.
(11) Middleton, Fyall and Morgan with Ranchhod (2009), pp.304-305.
(12) Kotler, Bowen and Makens (2010), p.379.
(13) *Ibid.*, p.379. なお，比較広告についての記述もこのページにある。
(14) *Ibid.*, p.380.
(15) Middleton (1988), p.92.
(16) Burkart(1985), p.188.
(17) *Ibid.*, p.188.
(18) Kotler, Bowen and Makens (2010), p.372-374.
(19) *Ibid.*, p.381.
(20) *Ibid.*, p.381.
(21) *Ibid.*, pp.383-384.
(22) *Ibid.*, p.383.
(23) *Ibid.*, p.383.
(24) George and Berry (1981), pp.409-411.
(25) Kotler, Bowen and Makens (2010), pp.383-384.
(26) *Ibid.*, pp.383-385.
(27) *Ibid.*, pp.385-386.
(28) *Ibid.*, 385.
(29) Adam, Dogramaci, Gangopadhyay and Yesha (1999), pp.38-46.
(30) Middleton (1994), pp.193-194.
(31) こうしたインターネット広告のもつ利点については，次のを参照のこと。高橋 (1996) 58～61ページ。黒田 (1995)，48～52ページ。戸田 (1996)，49～86ページ。前野・オンラインジャーナル編集部編 (1995)，79ページ。村井 (1995)，116～118ページ。日本経済新聞社編 (1994)，149～152ページ。
(32) Kotler, Bowen and Makens (2010), p.388.
(33) *Ibid.*, p.388.

⑶ このインターネット広告の広告効果の測定の問題については,インターネット・マーケティング研究会著,菅野・原野監修 (1999),265〜280ページを参照のこと。
⑶ Mill and Morrison (2009), pp.200-202.
⑶ 旅行業法については,http://law.e-gov.go.jp/htmldata/S27/S27HO239.html を参照のこと。
また,兵庫県弁護士会消費者保護委員会編 (2016),104〜109ページも参照のこと。
⑶ 旅行業公正取引協議会の『募集型企画旅行の表示に関する公正競争規約』については,次の PDF ファイルを参照のこと。http://www.kotorikyo.org/representationrule/kiyaku_200910.pdf
⑶ 以下の論述は同上に基づく。

参考文献

Adam, N. R., O. Dogramaci, A. Gangopadhyay and Y. Yesha (1999), *Electronic Commerce : Technical, Business, and Legal Issues*, Prenrice Hall PTR.

Burkart, A.J. (1985), "Marketing Package Holidays," in G. Foxall (ed.), *Marketing in the Service Industries*, Frank Cass & Company Limited, pp.187-192.

Cowell, D. (1984), *The Marketing of Services*, Butterworth-Heinemann Limited.

George, W.R. and L.L. Berry (1981), "Guidelines for the Advertising of Services," *Business Horizons*, Vol.24, July/August, reprinted in C.H. Lovelock (1984), pp. 407-412.

Holloway, J.C. and R.V. Plant (1992), *Marketing for Tourism*, 2nd ed., Pitman Publishing.

Holloway, J.C. and C. Robinson (1995), *Marketing for Tourism*, 3rd ed., Longman Group Limited.

Jefferson, A., and L. Lickorish (1991), *Marketing Tourism : A Practical Guide*, 2nd ed., Longman Group UK Limited.

Jhonson, E.M., E.E. Sheuing and K.A. Gaida (1986), *Profitable Service Marketing*, Dow Jones-Irwin.

Kotler, P., J. Bowen and J. Makens (1996), *Marketing for Hospitality and Tourism*, 1st ed., Prentice-Hall, Inc.（ホスピタリティ・ビジネス研究会訳『ホスピタリティと観光のマーケティング』東海大学出版会，1997年）

Kotler, P., J. Bowen and J. Makens (1999), *Marketing for Hospitality and Tourism*, 2nd ed., Prentice-Hall, Inc.

Kotler, P., J. Bowen and J. Makens (2003), *Marketing for Hospitality and Tourism*, 3rd ed., Prentice Hall.（白井義男監修・平林　祥訳，『コトラーのホスピタリティ＆ツーリズム　第3版』ピアソン・エデュケーション，2003年。）

Kotler, P., J. Bowen and J. Makens (2006), *Marketing for Hospitality and Tourism*, 4th ed., Prentice Hall.

Kotler, P., J. Bowen and J. Makens (2010), *Marketing for Hospitality and Tourism*, 5th ed., Prentice Hall.

Lovelock, C. H. (1984), *Services Marketing : Text, Cases, and Readings*, 1st ed., Prentice-Hall, Inc.

Middleton, V.T.C. (1988), *Marketing in Travel and Tourism*, 1st ed., Heinemann Professional Publishing Ltd.

Middleton, V.T.C. (1994), *Marketing in Travel and Tourism*, 2nd ed., Butterworth-Heinemann Ltd.

Middleton, V.T.C. with J. Clark (2001), *Marketing in Travel and Tourism*, 3rd ed., Elsevier (Butterworth Heinemann).

Middleton, V.T.C., A. Fyall and M. Morgan with A. Ranchhod (2009), *Marketing in Travel and Tourism*, 4th ed., Routledge.

Mill, R.C. and A.M. Morrison (1985), *The Tourism System : An Introductory Text*, 1st ed., Prentice-Hall, Inc.

Mill, R.C. and A.M. Morrison (1992), *The Tourism System : An Introductory Text*, 2nd ed., Prentice-Hall, Inc.

Mill, R.C. and A.M. Morrison (2009), *The Tourism System*, 6th ed., Kendall Hunt Publishing Company.

Morgan, N. and A. Prichard (2000), *Advertising in Tourism and Leisure*, Butterworth-Heinemann Ltd.

Rathmell, J.M. (1974), *Marketing in the Marketing Sector*, Winthrop Publishers, Inc.

Stanton, W.J. (1984), *Fundamentals of Marketing*, 7th ed., McGraw-Hill.

Witt, S. F. and L. Moutinho (eds.) (1989), *Tourism Marketing and Management Handbook*, Prentice-Hall, Inc.

安達清治（1997），『ツーリズムビジネス——日本と世界の旅行産業——』創成社。
インターネット・マーケティング研究会著，菅野龍彦・原野守弘監修（1999），『インターネット広告'99』ソフトバンク株式会社　出版事業部。
太田久雄（2003），『売れる旅行商品のつくり方』同友館。
太田久雄・山口晶美（2002），『ネット時代に生き残る旅行会社』同友館。
黒田　豊（1995），『インターネット・ワールド——米国シリコンバレーより』丸善。
佐藤喜子光（1997），『旅行ビジネスの未来』東洋経済新報社。
㈳全国消費生活相談員協会（1991），『パックツアー110番報告書』㈳全国消費生活相談員協会。
高橋秀雄（1994），『顧客主導型企業のための——サービス業の経営とマーケティング』中央経済社。
高橋秀雄（1996），「電子メディアによる広告の問題について」『中京商学論叢』第43巻第1号，53〜67ページ。
高橋秀雄（1997），「ニューメディア・インターネットと流通」近藤文男・中野　安編著『日米の流通イノベーション』中央経済社，1997年，189〜206ページ。
高橋秀雄（1998），『サービス業の戦略的マーケティング〔第2版〕』中央経済社。
高橋秀雄（1999），「旅行業者のインターネット，マルチメディア端末機の活用について」『中京商学論叢』第46巻1号，33〜52ページ。
高橋秀雄（2000），「旅行業者の広告の問題について」『中京商学論叢』第46巻第2号，57〜78ページ。
高橋秀雄（2009），『サービス・マーケティング戦略』中央経済社。
戸田　覚（1996），『インターネット広告』ダイヤモンド社。
トラベルジャーナル出版事業部編（1996），『旅行ビジネス入門〈第2版〉』トラベルジャーナル。
日本経済新聞社編（1994），『Q&A　誰にもわかるマルチメディア入門』日本経済新聞社。
兵庫県弁護士会消費者保護委員会（編）（2016），『旅行のトラブル相談 Q&A〔Q&A 旅行トラブル110番改題〕』民事法研究会。
前野和久・オンラインジャーナル編集部編（1995），『インターネットで何が変わるのか』PHP研究所。
松園俊志監修・日本国際観光学会編（2004），『新版　旅行業入門』同友館。
松園俊志・森下晶美（2012），『旅行業概論——新しい旅行業マネジメント——』同友館。

皆川慎吾編著（1988），『旅行業界』教育社。
村井　純（1995），『インターネット』岩波書店。
森下昌美編著・島川　崇・荒井秀之・宮崎裕二著（2008），『観光マーケティング入門』同友館。
森下昌美編著・島川　崇・徳江順一郎・宮崎裕二著（2016），『新版　観光マーケティング入門』同友館。
元永　剛監修『独占禁止法質疑応答集（平成5年版）』別冊商事法務第147号，㈳商事法務研究会，1993年。
安田亘宏（2005），『旅の売りかた入門――もっと売るための広告宣伝戦略』イカロス出版。
立教大学観光学部旅行産業研究会編著（2016），『旅行産業論』㈶日本交通公社。

第7章

非営利組織の広告展開

第1節　はじめに

　非営利組織というと営利目的では活動しないので，広告活動の展開には無縁であると思われるかもしれない。しかしながら，非営利組織の活動内容を多くの人々に周知させるとともに，その提供するサービス財等がどのようなものであるのかを周知させために広告活動の展開は必要である。特に，わが国の非営利組織のなかのNPOは，非常に数が多いだけでなく，資金規模，従業者規模が小さいところが多いので，一般的に，あまりそのビジョンや活動内容が人々に知られていないのである。

　また，非営利組織が，特定の目標達成のために，継続的に活動するには十分な資金がなければならないが，事業収入だけでは不足な場合，寄付金の募集等により活動資金を集める必要がある。また，人員の不足を補うために多くのボランティアを集める必要がある。非営利組織が，知名度の向上を図り，活動内容への理解を求めるととともに，寄付金やボランティアの募集をするために広告活動の展開は必要である。広告というと，その商業的利用ばかりが注目されるので，非営利組織とは関係がないと思われるかもしれないが，非営利組織が継続的に活動を行っていくために，それは必要なものなのである。

　ただし，非営利組織の現状をみてみると，その多くは広告活動の展開が不十分であり，その活動内容や提供しているサービス財等の内容等が，あまり伝わっていないとみられる。非営利組織としても，広告メッセージの作成や広告

活動の展開等に関するノウハウを得ることは必要である。

ここでは，こうしたところから，非営利組織がどのようにして広告活動を展開すべきなのかを検討することにする。

第2節　非営利組織とは何か

非営利組織の広告の問題を取り上げるまえに，その対象となる非営利組織がどのように分類されるのかをみていくことにする。

非営利組織には，狭義の意味での非営利組織と広義の意味での非営利組織がある[1]。

特に，狭義の非営利組織としてのNPOは，どのように定義されるのであろうか。例えば，L.M. Salamom, S.W. Sokolowski and Associates（2004）は，非営利部門（特にNPO）の構造的－活動的な定義として，①組織化されていること，②民間であること，③利益を分配しないこと，④自己統治していること，⑤自発的なものであることの5つを挙げている[2]。つまり，Salamom, Sokolowski and Associates（2004）は，非営利部門（特にNPO）は，ある構造があり規則的な活動を行っているものであり，公的部門に属するものではなく民間であり，政府から独立していて政府からの支援を受けないものであり，商業的に活動しておらず，利益を分配しないものであり，自らの組織を内部統制しているものであり，自発的な参加者の参加により形成されるものであるというのである。このようなSalamom, Sokolowski and Associates（2004）の定義によると，狭義の非営利組織であるNPOは，何らかの組織構造があり，特定の目標達成のために規則的，継続的な活動を行っており，政府からは支援を得ずに基本的にそれとは別に独立して活動するものである。そして，このNPOは，営利を目的として事業活動を行うものではなく，獲得した収益から剰余金が発生したとしても，それを組織の構成員等に分配することはない。また，NPOは，強制ではなく自発的に参加する構成員による組織であり，他者によって統制・管理されることはなく，組織構成員によって内部統治されている

ものである。

　NPO を理念的に捉えた場合には，Salamom, Sokolowski and Associates（2004）のいうようなものと捉えることができる。ただし，現実には，NPO が活動を展開するにさいして，政府や行政機関，地方自治体等からの支援を受けることがあるし，場合によっては政府や地方自治体と特定の事業等において協働することがある。そして，政府や地方自治体から補助金の提供を受けることもある。また，NPO によっては，民間営利企業と基本的に変わらない活動をしているところもあるが，その場合，民間営利企業と根本的に異なるのは営利を目的としていない点である。NPO と一口にいっても，その運営や活動の仕方は様々なので，Salamom, Sokolowski and Associates（2004）の定義は，特に純然たる NPO を念頭に置いたものと捉える方がよい。

　狭義の意味での非営利組織の代表的な例は，特定非営利活動法人として所轄庁により認証された NPO（NGO も含む）である[3]。NPO の活動領域（NPO 法によるもの）には，①保健，医療または福祉の増進を図る活動，②社会教育の推進を図る活動，③まちづくりの推進を図る活動，④観光の振興を図る活動，⑤農山漁村または中山間地域の振興を図る活動，⑥学術，文化，芸術またはスポーツの振興を図る活動，⑦環境の保全を図る活動，⑧災害救援活動，⑨地域安全活動，⑩人権の擁護または平和の推進を図る活動，⑪国際協力の活動，⑫男女共同参画社会の形成の促進を図る活動，⑬子供の健全育成を図る活動，⑭情報化社会の発展を図る活動，⑮科学技術の振興を図る活動，⑯経済活動の活性化を図る活動，⑰職業能力の開発または雇用機会の拡充を支援する活動，⑱消費者の保護を図る活動，⑲上記の活動を行う団体の運営または活動に関する連絡，助言または援助の活動，⑳上記の活動に準ずる活動として都道府県または指定都市の条例で定める活動がある[4]。NPO には，認証 NPO のように法人格を備え，以上の20の活動領域のなかのいずれかに従事しているものだけでなく，任意団体等として法人格を備えていないものもある。

　次に，広義の意味での非営利組織であるが，ここでは，それには例えば，営利を目的とせずに活動を行っている大学，病院，博物館，美術館，動物園，水

族館，図書館，生活協同組合等が含まれるものと捉えることにする。広義の非営利組織のなかには，公設の博物館，美術館や動物園等のように地方自治体（言い換えれば地方政府）から支援を受けており，必ずしも自発的に設立されているわけではないので，上述の Salamom, Sokolowski and Associates（2004）の定義には当てはまらない。ただし，利潤目的で運営されていないし，剰余金が発生したとしても，その構成員にそれを分配することはないことからすれば，非営利組織の一種ということになる。ここで付け加えておくと，例えば，動物園，水族館等のなかには，民間営利企業が運営しているものがあるが，それらはここでの議論の対象ではなく，対象にしているのは地方自治体等により公共施設として設置されており，営利を目的とせずに経営・運営されているものである。

　ここで問題にする非営利組織は，狭義の非営利組織と広義の非営利組織の両方である。つまり，狭義であるか広義であるかを問わず，非営利で経営・運営されている組織の広告の問題を取り上げるのである。

第3節　非営利組織の広告活動展開の必要性

　狭義の非営利組織，広義の非営利組織の広告活動が十分に展開されているかどうかであるが，端的に言えばそれは十分に展開されているとはいえないであろう。わが国の NPO の組織規模，資金規模は全体としてみた場合に零細であり，非常に数多く存在しているので，個々の NPO は際だった特徴がないかぎり，よく知られておらず，あまり目につかないことが多いとみられる。こうしたなかで NPO としては，広告活動等の展開を通じて，組織の知名度や活動内容の認知度の向上を図り，その提供するサービス財の利用促進や寄付金やボランティアの獲得に努める必要があるのである。個々の NPO にとっては，何よりもまず，他の多くの NPO のなかで埋もれてしまわないために，その存在自体を認知してもらうことが必要であるが，そのための1つの手段として広告活動を展開する必要がある。

また，広義の非営利組織の広告活動に関していえば，特に地方自治体の公共施設として設置されているところでは，自治体の財政難等により多額の財政支援が得られないことによる資金不足の問題に対処するための1つの手段として，これまでよりも一層効果的な広告活動を展開し，集客増加や寄付金等による支援の獲得を図っていく必要がある。ある非営利組織に，他にはない独自のサービス財があったとしても，そしてどれだけ素晴らしいサービス財の提供ができるとしても，それを見込み顧客（受益者）にうまく伝達できなければ，非営利組織のサービス財の利用にはつながらないのである。優れたサービス財の提供能力や提供態勢があるので，顧客（受益者）が自然にやってくると思うのは間違いである。広義の非営利組織は，事業収入の増加，利用客の増加等を図るために，より効果的な広告活動の展開を行う必要性がある。

　広義の非営利組織，例えば公設の美術館，博物館等が展開している広告についていえば，場合によっては特別展等を企画・実施する主催者側の視点からの広告メッセージの訴求となっていることがあり，美術館，博物館サイドの視点に基づいて，来館客に見てもらいたいことを単に伝達しているだけになっていることがある。このような広告の仕方もある程度有効なのかもしれないが，もっと素人にも分かりやすく，特別展等に具体的にどのような面白さがあるのか，見所は何かを見やすく端的に伝達する広告をすることも必要ではないかと思われる。

　要するに，場合によっては，来館客の視点に立ち，より分かりやすくより効果的な広告メッセージを訴求するための工夫をする必要があるのではないかということである。広告活動というと，営利活動に伴って展開されることが多いところから，価値の高いことを追求している非営利組織では，あまり商業ベースでの広告活動の展開のようなことをする必要はないと考えるかもしれない。しかしながら，営利追求的な広告活動の展開はしないものの，営利企業が展開している広告のテクニックを導入してもよいのではないかと考える。特に，提供しようとするサービス財の特徴や利用から得られるメリットは何かを，もっと分かりやすい言葉や表現で端的に伝達する必要があると思われるのである。

非営利組織は広告活動を効果的に展開することにより，そのサービス財の利用促進を図るとともに，非営利組織の財源確保や存続・成長を図っていくべきである。

第4節　非営利組織のコミュニケーション活動

　非営利組織の広告がどのようなものなのかについてみていくまえに，非営利組織が全体として展開するマーケティング・コミュニケーション活動についてみていくことにする。A.R. Andreasen and P. Kotler（2003）は，標的とする視聴者にメッセージを伝達するために利用できる用具には，次の6つがあるとしている[5]。

　第1に，有料広告である。これはいうまでもなく，テレビ，ラジオ，新聞，雑誌等の有料の広告媒体を利用した広告のことである。Andreasen and Kotler（2003）は，この有料の広告媒体を利用した広告メッセージの伝達に関してはかなり統制できるとしている[6]。ただし，これらの有料の広告媒体を利用したいと思っても，資金のない非営利組織にとっては手が届かないのである。こうしたマスメディアによる広告は，特に全国的，全世界的に活動しており，知名度が高く，組織規模が大きいNPO（及びNGO）にとって利用可能なものである。

　第2に，無料（公共サービス）広告である。Andreasen and Kotler（2003）は，この広告の場合には，広告出稿のスペースと時間が無料であるが，メッセージのスケジュールの統制はあまりできないとしているが，これは特に無料の公共広告に当てはまることである[7]。公共広告というのは，例えば，ある社会問題への関心の喚起やその解決・解消を訴えかけること，経済的な問題により教育を受ける機会が得られない人達への経済的支援の呼びかけ，マナー向上を図るための啓発，といったことを目的として展開されるものである。公共広告には，メディアから無償で提供される広告枠を利用するものもあるが，活動資金を調達して財源を確保した上で有料で広告枠を購入して展開するものもあ

る。

　第3に，ジョイント広告である。これは他者のウェブページのなかの一部のスペースを広告媒体として提供してもらい，非営利組織（特にNPO）の広告を掲載するものである。例えば，各種インターネット・サービスを行っている企業のなかには，NPOの活動支援のために無料の広告枠を提供しているところがある。財源不足に悩んでいるNPOが，その広告媒体として活用できる点でメリットがある。

　第4に，プロモーションである。Andreasen and Kotler（2003）は，これは，製品，サービス，行動成果の購入や販売を促進するための短期的なインセンティブのことであるとしている[8]。つまり，非営利組織が提供している有形財，サービス財，演奏や上演等のパフォーマンスなどの販売を促進するためになされる活動のことである。実際に非営利組織が利用できるプロモーション活動の例としては，イベントや展示会の開催等がある。このようなプロモーション活動の展開には，非営利組織が行っている事業内容，活動等について，様々な人達に直接訴えかけられる効果がある。

　狭義の非営利組織であるNPOにとってみれば，それは，寄付をしてくれる可能性のある人達やボランティアになってくれそうな人達に直接働きかけるための手段なのである。広義の非営利組織にとってみれば，そのサービス財の潜在的顧客や当該非営利組織にとっての潜在的な協力者に直接働きかけるための手段なのである。

　第5に，パブリシティである。これは，テレビ，新聞，雑誌等のマスメディアが，無料で非営利組織の事業内容，活動，イベント等について報道してくれるものである。非営利組織の事業内容，活動，イベント等について，マスコミが無料で報道してくれれば，単に無料で宣伝できるだけでなく，それらに関する報道や記事等を信頼性のあるものとして視聴者や読者が受け止めてくれるので，通常の広告よりも効果があるのである。

　第6に，人的な説得である。これは，顧客（受益者）との取引のために，非営利組織の人員による顧客（受益者）への口頭での情報伝達を通じて，サービ

ス財等の利用を説得するものである。この人的な説得は，寄付金の募集やボランティアの募集のためにも活用できる。

　Andreasen and Kotler（2003）は，以上の6つの手段を挙げているのであるが，コミュニケーション活動を行うさいの手段には，次のようなものもあるので，それらが付け加えられなければならない。

　例えば，NPOの活動報告書である。NPOのビジョンや事業内容等に賛同し，寄付金の提供やボランティアとして参加してくれる人達に対して，事業活動から得られた成果はどのようなものであり，財政状況はどのようになっているのかといったことについて報告を行い，信頼関係を構築していく必要がある。

　そして，公設の美術館や博物館等が利用している会員への会報の送付である。この会報の送付には，紙の冊子の発行によるものだけでなく，自らのウェブページにウェブ版の会報を掲載し配布するという方法もある。非営利組織の会員顧客への会報の配布は，会員顧客への情報提供だけでなく，会員顧客との関係形成のためにも必要である。公設の美術館，博物館にとって，会費収入をもたらしてくれ，ロイヤルティの高い会員顧客の維持・確保を図ることは重要である。また，会報の送付に加えて，会員顧客のイベントや講演会等への招待，記念品等の贈呈等の販売促進活動の展開という手段も用いられるべきである。

　Andreasen and Kotler（2003）が挙げているものに，これら2つのものを加えたものを総合的に展開することにより，非営利組織のコミュニケーション活動が展開されるべきである。非営利組織は，以上の様々な手段を組み合わせて利用することにより，全体としてのコミュニケーション活動を展開するのであるが，広告活動はその一翼を担うことになるのである。

　付け加えておくと，このようなコミュニケーション活動を，様々な手段の組み合わせにより総合的に展開することができるのは，資金規模や従業者規模の大きい非営利組織だけであり，小規模なところでは利用可能な手段の範囲内でコミュニケーション活動を展開することになる。規模の大きい非営利組織では，例えば募金の募集時に，テレビCMの放送，チラシの配布，ダイレクトメールの送付，イベントの開催，電話や人員の訪問等の各種手段を組み合わせてコ

ミュニケーション活動を展開することにより，提供するサービス財の利用促進，募金の募集，ボランティアの募集を行うことになる。

第5節　非営利組織の広告目標

　非営利組織が広告活動を展開するとき，どのような広告目標（ないし広告目的）を設定するべきなのであろうか。営利を目的としない非営利組織では，当然のことながら，基本的に利潤動機で経営される企業の広告活動とは異なった広告目標が設定されるべきである。以下では，この非営利組織の広告目標について検討していくことにする。

　非営利組織の広告目標として D.L. Rados（1996）は，次のものを挙げている[9]。まず，組織全体に関するものとして，非営利組織のミッションの達成，組織の存続といったものを挙げている。次に，計画目標に関わるものとして，ボランティアを集めること，売上げ増加，資金を生み出すこと，既存の参加者の離脱の減少といったものを挙げている。さらに，マーケティング・ミックスに関するものとして，ボランティアによる訪問の増加，潜在的なスポンサー企業に対する知名度向上，個人の支払い能力により価格設定の仕方を変えることといったものを挙げている。

　非営利組織の広告目標について検討するさい，広告活動がその一部として含まれるコミュニケーション活動の目標や販売促進活動の目標として，どのようなものが挙げられているのかをみてみることも参考になる。

　例えば，K. Bonk, E. Tynes, H. Griggs and P. Sparks（2008）は，コミュニケーション活動の目標として，①目に見えるものや名称の認知度を高めること，②ファンドレイジングの増加，③影響力のある人への到達，④より多くの参加者とボランティアのリクルート，⑤公的な制度の改革，⑥サービス提供と社会的関心事への意識を改善し増加させること，⑦否定的な媒体のカバリッジをひっくり返すことを挙げている[10]。

　以上のように，Rados（1996）や Bonk, Tynes, Griggs and Sparks（2008）は

様々なものを挙げているのであるが，ここで非営利組織の広告目標にはどのようなものがあるのかを示すと，次のようになる。
① 非営利組織の知名度や非営利組織の活動内容の認知度向上。わが国では，数多くの零細な規模のNPO法人が存在するが，その多くはあまり存在が知られていないし，そのそれぞれがどのような事業や活動に取り組んでいるのかが必ずしもよく知られているわけではない。NPOが寄付金を集めたり，ボランティアを集めたりするさい，そもそも当該NPOの存在自体がよく知られている必要がある。知名度があり，信頼できるNPOというイメージが形成されていることが，寄付金を募集したり，ボランティアを募集するためには重要である。

また，NPOがどのようなビジョンを持っているのか，その使命・役割は何なのか，そのビジョン，使命・役割に基づいてどのような事業活動を行っているのか，これまでにどのような活動成果や活動実績を上げているのかを，広告活動を通じて周知させることにより，人々からの理解と協力を得ることが必要である。NPOのビジョン，使命・役割を知らせることは，そのNPOの活動に対して賛同し共感する人達を引きつけるために必要なことであり，活動成果や活動実績を報告し周知させることは，寄付金を提供する寄付者からの信頼を得るために必要なことである。

ある特定のNPOの名前や事業・活動内容がよく知られており，そのNPOに対する信頼感が醸成されていれば，寄付やボランティアの募集は，そうでない場合と比較すると，容易であることはいうまでもない。
② 非営利組織が提供している非営利サービス財はどのようなものであり，どのようにしてサービス提供が受けられるのかなどについての情報提供。いくらかのNPOでは，そのサービス財を提供する相手である顧客（受益者）に対して，どのような特徴のあるサービス財を，いつどこで，どのような仕方により提供するのかを必ずしも分かりやすく端的に伝達していないことがある。受益者へのサービス財の提供を通じて，NPOのミッションが達成されるのであるから，この提供するサービス財についての情報提

供をより分かりやすく行う必要がある。非営利組織は，サービス財の顧客（受益者）の立場に立って，例えば，そのサービス財の内容とその特徴，利用料金（無料の場合もある），利用の仕方，利用場所と利用時間等について分かりやすく案内する必要がある。
③　非営利組織が活動するのに必要な資金を獲得するための，寄付金の募集，チャリティバザーの開催等の告知。NPOや広義の非営利組織は，その事業内容や活動に対して関心があり，支援してくれそうな個人の寄付者や企業等のスポンサーを見いだして，効果的な広告活動等の展開により働きかける必要がある。
④　ボランティアの募集。例えば，NPOや地方自治体設置の美術館，博物館等では，そのミッション，活動内容の社会的意義や魅力等をボランティアの候補者に対して伝達し，ボランティアの獲得に努める必要がある。ボランティアの募集は，資金力や人員に限りがあるNPOにとっては重要なことである。
⑤　その非営利組織が取り組んでいる何らかの社会問題への関心の喚起やその解決のためのアピール。非営利組織は，自らが取り組んでいる活動の意義がどこにあるのかに関する人々からの理解を得たり，その活動目標としている社会問題の解決のために，広告を行うことがある。

以上のように，非営利組織が行う広告の目標が，営利企業が行う広告の目標と根本的に異なるのは，利益を上げるためのものではないという点である。非営利組織に対する理解と協力を確保すること，非営利組織が達成したい目標を実現すること，そして非営利組織が継続的に事業活動を行うための様々な資源を獲得すること，といったことのためになされるのである。

第6節　非営利組織の広告の種類

Andreasen and Kotler（2003）は，非営利組織の広告の種類として，①政治広告，②社会運動広告，③慈善広告，④政府広告，⑤民間非営利広告，⑥協会

広告を挙げている[11]。この Andreasen and Kotler（2003）の非営利組織の広告に関する分類は、広告をする主体となる非営利組織の種別や広告の訴求内容の別に応じてなされている。

政治広告というのは、何らかの政治活動に伴ってなされるものであり、社会運動広告というのは、例えば、特定の社会問題の解決を訴えたり、そうしたことへの関心を喚起するためになされるものである。慈善広告というのは、例えば、災害や突発的な事態の発生時に義援金等を募集するためのものである。政府広告というのは、例えば、ある政府の法令の施行等に伴う国民への啓発のための広告や国が取り組んでいるある社会問題解決を訴求するための広告等のことである。民間非営利広告というのは、例えば、NPO がその活動への理解を求めたり、資金源泉となる寄付金の募集等を行うための広告のことである。協会広告というのは、業界団体等が業界のイメージ向上等のために行う広告のことである。

Andreasen and Kotler（2003）の、このような広告の分類の仕方についていえば、広告を行う非営利組織等の主体別で区分すると、①国や地方自治体による広告、②政党や政治家個人による広告、③ NPO 等の各種非営利団体による広告、④業界団体等による広告があり、広告内容で区分すると、①慈善広告、②社会運動広告があるとした方がよいと思われる。

第7節　非営利組織の広告が向けられる訴求対象の確定

ここで非営利組織の広告が向けられる訴求対象は何かについて、検討することにしよう。議論を明確化するために、特に狭義の非営利組織と広義の非営利組織が行う広告の訴求対象は何かに絞ってみていくことにする。この非営利組織が行う広告の訴求対象の顧客（受益者）のタイプは、民間営利企業とは異なり複雑であり、以下のように分類される。

①　サービス提供のみを専ら受ける顧客。こうした顧客には、有料でサービス財の提供を受ける顧客（例えば、公設の美術館等の来館客）、無償で

サービス財の提供を受ける顧客（例えば，災害時などで支援を受ける受益者等）。サービス財の提供には，海外医療支援活動のようにNGOから受益者に無償で提供される場合があり，有償での提供ばかりではないのである。
② サービス提供を受けるとともに，ボランティア活動等にも参加する顧客。例えば公設の美術館等で，その企画展等の鑑賞をするだけでなく，その美術館の活動に理解を持ち，ボランティア活動にも積極的に参加する顧客のことである。ボランティア活動への参加により自己実現したい人達を見いだして働きかけ，自らの組織の活動に参加させる必要がある。
③ サービス提供を受けるとともに，非営利組織の活動に理解を示し，財政的な支援に協力する顧客。例えば，公設の美術館等で，その企画展等の鑑賞をするだけでなく，寄付金を提供したり，個人所蔵の美術品を寄贈したりする顧客のことである。こうした顧客は，公設の美術館・博物館の場合には，会員になることがある。
④ サービス提供を必ずしも受けないものの，寄付等で財政的支援を行う支援者や支援企業（及びその他の機関や法人）。つまり，非営利組織のビジョンや活動に賛同し，寄付金等を提供することにより財政支援をする個人や企業のことである。
⑤ 非営利組織が提供するサービス財を利用したことのない潜在的な顧客。
　特に，公設の美術館や博物館は，こうした顧客のなかで，高校生以下の若年者層の場合には，学校向けのプログラムとしてのアウトリーチ活動により働きかけることにより，将来の顧客を確保するための努力を行うことになる。
　普段やって来ない一般の潜在的な顧客に対しては，美術館，博物館が，そうした人達が関心を持ちそうな企画展を開催して集客することがあるが，あまりに商業的なものになりすぎると，そうした企画展の内容に関心がない会員顧客層が離反する可能性があるので注意が必要である。既存の顧客との関係を維持しながら，客層を広げていく必要がある。

⑥　非営利組織のボランティアとして参加してくれそうな潜在的な顧客。
　　社会問題の解決や社会貢献等を目的としてボランティア活動に参加する意志がある人達がいる。例えば，教育ボランティア，災害ボランティア等として参加する意志のある人達である。非営利組織のなかの特に NPO は，そうした人達に効果的に働きかけて，ボランティアの募集を行う必要がある。
⑦　非営利組織の活動支援のために寄付金を提供してくれそうな個人や企業（及びその他の機関や法人）。
　　活動のための資金が事業収入からだけでは十分に得られない非営利組織にとって，個人や企業（及びその他の機関や法人）から寄付金を募ることは必要なことである。非営利組織は，どのような人達や企業が，寄付金を提供してくれるのかをよく見極めてから働きかける必要がある。

非営利組織が広告活動を展開するとき，まず，その対象となる顧客（受益者）は誰なのかを市場細分化を行うことにより明確化する必要がある[12]。より具体的にいえば，個人の場合には，上記の区分に加えて，人口統計変数（年齢，所得，職業，教育等），地理的変数（都市部，農村部等），心理変数（ライフスタイル，パーソナリティ），行動変数（求める便益，態度，利用頻度等）を利用して市場細分化を行って，広告メッセージの訴求対象を明確化する必要がある。こうしたことを行ったうえで，その訴求対象に有効に到達できる広告媒体を選択するとともに，訴求対象にふさわしい広告メッセージを作成して広告活動を展開すべきである。

また，広告の対象となる顧客が企業（及び他の法人）の場合には，例えば，その立地先，企業規模（組織規模），業種（あるいは事業内容），社会貢献活動への理解度や協力の有無等の変数により，市場細分化を行って，適切な広告メッセージを送り届けることにより働きかける必要がある[13]。

非営利組織の広告目標が，寄付金を募集するのか，ボランティアを募集するのか，顧客（受益者）に対するサービス財の利用促進を図るのかのいずれかによって広告メッセージの内容は異なる。そして当然のことながら，広告目標や

広告メッセージの内容の相違により，広告の訴求対象となるのが，サービス財の提供を受ける顧客（受益者），個人の寄付者，法人の寄付者，ボランティアの応募者のなかのいずれなのかが決まってくることになるのである。こうした点を考慮せずに，漫然と広告活動を展開しても，あまり効果的な広告にはならないのである。つまり，非営利組織としては，広告目標を明確化するとともに，広告対象とする顧客（受益者）等を絞り込んだうえで，適切な広告メッセージを作成して伝達することにより，効果的な広告活動を展開すべきである。

第8節　非営利組織の広告活動をどのようにして展開するのか

　第1に，広告メッセージや広告コンテンツの工夫・改善を図ることである。非営利組織，特にNPOが行っている広告の場合，規模が大きく知名度が高く全国的に知られているNPO（及びNGO）は除いて，広告活動の展開はあまりうまくなされていないと思われる。NPOが広告活動を展開するときには，さきに触れたように，どのようなタイプの顧客（受益者）を念頭に置いて，提供するサービス財の特徴や内容をどのようにうまく伝達するのか，そのサービス財の利用や入手の仕方はどのようなものであるのか，といったことについて十分に考慮しつつ，より効果的に広告活動を実施する必要がある。特に，広告活動をより有効なものとするために，広告コンテンツや広告メッセージの工夫・改善を行う必要があると思われる。要点が明確でなく，サービス内容がだらだらと列挙されているだけで，さほど特徴のない広告メッセージを単に伝達するだけでは顧客（受益者）の頭の中に広告メッセージの印象はあまり残らないし，広告内容がよく理解されないことになる。そして，広告メッセージをうまく表現し，それをより有効に伝達するために，広告コンテンツをメリハリのついたものにすることに留意する必要がある。自らの組織が顧客（受益者）に提供するサービスの内容，その特徴やメリット，その独自性等について，分かりやすく目につくような仕方で知らせるために，キャッチコピーや広告表現等の仕方を工夫する必要がある。

第2に，NPOが広告をするさいに，NPO自らのウェブページによる情報発信が一番お手軽な方法である。ただし，ウェブページによる情報発信といっても，多くのNPOには，誰に対して，どのような広告メッセージを，端的に分かりやすく伝達するのか，といった肝心の事柄に関するノウハウが不足していることが多いのではないかとみられる。NPOの活動内容や提供しているサービス財等に関して顧客（受益者）に伝達したいことを，あれもこれも盛り込んで広告メッセージを作成して伝達しようとすると，かえって顧客は何も理解できなくなるので，ビジョンや事業内容の要点は何か，提供するサービス財の特徴的な点は何か，といったことについて明快に分かりやすく説明し伝達すべきである。NPOとしては，広告会社に広告メッセージや広告コンテンツの制作を依頼するのであればともかく，そうでなければ自らのウェブページによる広告メッセージや広告コンテンツの制作のためのノウハウを幾分かなりとも習得すべきである。

　第3に，非営利組織が立脚し活動している地理的範囲に応じた広告活動の展開をすることである。NPOは，特定の地域に根ざしており，その地域内の人達をサービス財等の提供対象としていることが多い。また，NPOの資金規模もあまり大きくないことが多い。そうしたところから，NPOが広告活動を展開するときには，あまり広範な地理的範囲を対象としても意味がない。さらに，元来資金があまりないところが多いので大々的な広告活動を展開することはできないし，もしそうしたことを行ったとしても資金の無駄遣いになるだけである。それゆえ，NPOが活動している地域において，その対象とする特定の顧客層（受益者層）に効果的，効率的に到達できるとともに，低コストで，伝達したい広告メッセージを送り届けるのにふさわしい広告媒体を選択して広告活動を行うべきである。まず，広告の訴求対象が誰なのかを明確にしてから，そうした人達により有効に到達できる広告媒体は何かを見いだして利用すべきである。そうした意味で，NPOが立脚する地域の実情についてよく理解するとともに，ターゲットとする顧客（受益者）を絞り込んで広告を行う必要がある。つまり，特定のNPOが活動対象とする地域にどのような人々が暮らしている

のか，その地域はどのような解決すべき問題を抱えているのかなどを分析したうえで，当該 NPO としてはその地域でどのようなサービス提供するのかを確定する必要がある。そうしたうえで，サービス提供の対象となる顧客（受益者）を絞り込み，そうした人達に有効に到達できる広告媒体を見いだすとともに適切な広告メッセージや広告コンテンツを作成・制作し，広告活動を展開する必要性がある。NPO の活動領域が狭いのにもかかわらず，大々的な広告を行っても，無駄うちになってしまい金銭の無駄遣いになるだけであるし，ターゲットを絞らずに広告することは有効性に欠けることになる。広告活動の有効性や費用対効果をも考慮に入れるべきである。

　第 4 に，確実に履行でき，顧客（受益者）に提供できるサービス内容しか広告しないことである。広告を行う NPO に，十分な資金，人員，施設・設備等があり，十分なサービス提供態勢があるのであればよいが，そうでない場合には，手が回らないときにでも，最低限提供可能な品質水準を念頭に置いて広告を行うべきである。非営利組織のサービス提供が広告のなかで案内されていたようになされなかった場合には，顧客（受益者）に不信感を抱かれ，信頼性を喪失することにつながりかねない。信頼性の喪失は，NPO にとって是非とも避けなければならないことなので，顧客（受益者）の期待を裏切らない誠実な広告を行うように心掛けるべきである。

　例えば，民間企業が提供しているものと同様のサービス財を顧客（受益者）に NPO ならではの低料金で提供しているとしても，顧客（受益者）が期待しているような水準でのサービス財の提供ができなかった場合には不信感をもたれることになるので，常に実行可能で提供可能なことを広告のなかで案内すべきである。非営利組織が，サービス財の提供を受ける顧客（受益者）の期待に背かないようにするためには，品質の安定したサービス財の提供をするための施設・設備をなるべく揃えるようにするとともに，サービス提供担当の人員の確保と，そうした人員に対する教育・訓練の実施を行う必要がある。非営利組織においてもできる限り，サービス財の品質管理に留意すべきである。素人のボランティア集団によるサービス提供では顧客（受益者）は納得しない。サー

ビス提供態勢をしっかりと整えたうえで広告をすべきである。

　要するに，サービス財の顧客（受益者）への広告をするまえに，広告対象とするサービス財の供給態勢を整えることや品質の安定のための施策を実施することを予めしておく必要があるということである。

第9節　おわりに

　非営利組織は，その活動目標の達成，事業内容への理解を得ること，サービス財の利用促進，寄付金やボランティアの募集，といった様々な目標により広告活動を展開する必要がある。広告活動は，非営利組織の存続・成長を図るために必要な1つの手段である。非営利組織が広告活動を展開するさいには，広告目標や広告の対象となる顧客（受益者）が誰なのかを見極めるとともに，そうした顧客（受益者）に低コストでより効果的に到達できる広告媒体を選択して利用する必要がある。そのため，非営利組織は市場細分化を行うことにより，標的顧客（受益者）を見いだしてから，広告活動を展開する必要がある。

　また，非営利組織が活動の対象としている地理的範囲は，一部のNPO（及びNGO）を除けば限定されたものとなっている。それゆえ，一般的に資金的な制約があることもあり，大々的な広告活動の展開というよりは身の丈に合った広告活動の展開を図るべきである。活動対象としている地域内の人々に，より有効に到達できる広告媒体を見いだして，適切な広告メッセージを伝達する必要がある。

　さらに，非営利組織の広告は，顧客（受益者），寄付者，支援者，支援企業，地域社会などからの信頼を失わないように，誠実な広告メッセージの伝達や実行可能なサービス提供内容での広告を行う必要性がある。ただし，非営利組織の広告の場合でも，広告内容の要点が何なのか，顧客（受益者）にとって当該非営利組織のサービス財を利用するさいのメリットは何なのかを分かりやすく伝達できるような広告を行うべきである。

　非営利組織は，基本的にその活動目標や活動内容等が，営利を追求する企業

とは異なるものの，継続的な活動を行うことには変わりはない。継続的に特定の事業活動を行うためには，一定の事業者収入の確保，寄付金の獲得，ボランティアの確保といったことが必要になる。非営利組織の広告活動は，事業活動を継続していくために，自分たちの組織の存在を知ってもらうとともに，サービス財の利用促進，寄付金やボランティアの募集等の働きかけをするために展開されなければならない。しかしながら，非営利組織の広告活動は，営利企業のそれと比較すると立ち後れていると思われるのであり，広告に関するノウハウを十分に持っていない非営利組織が多いと思われるのである。

　ここではそうした非営利組織の広告の問題について，どのような広告目標が設定できるのか，広告の種類にはどのようなものがあり，その訴求対象をどのようにして絞り込んだうえで広告活動を展開すべきなのか，利用できる広告媒体にはどのようなものがあるのかについてみてきた。こうした議論を行うことにより，非営利組織がどのようにして広告活動を展開したらよいのかを検討してみたのである。

　非営利組織に，どんなに優れたビジョンがあり，優れたサービス財を提供できる能力があったとしても，まず，自分の組織の存在やその提供するサービス財の特徴等について，人々から認知されていなければ無駄になってしまう。こうしたところから，広告活動の展開の必要性を認識して，それに取り組む必要があるのではないかと考える。ただし，非営利組織の広告は，顧客（受益者）や支援者，支援企業等からの信頼を裏切らないように，誠実なものであり，実行可能なものでなければならないことに留意しなければならない。

●注
(1) このような分類の仕方については，早瀬・松原（2004），10～11ページを参照のこと。
(2) Salamon and Sokolowski and Associates (2004), pp.9-10.
(3) NPOの認証制度については，内閣府の次のウェブページを参照のこと。

https://www.npo-homepage.go.jp/about/npo-kisochishiki/ninshouseido
(4)　NPO の 20 の特定非営利活動については，内閣府の次のウェブページを参照のこと。https://www.npo-homepage.go.jp/about/npo-kisochishiki/nposeido-gaiyou
(5)　Andreasen and Kotler (2003), pp.442-443, 邦訳, 636〜638 ページ。
(6)　*Ibid.*, p.441, 邦訳, 636〜637 ページ。
(7)　*Ibid.*, p.441, 邦訳, 637 ページ。
(8)　*Ibid.*, p.441, 邦訳, 637 ページ。
(9)　Rados (1996), pp.315-317.
(10)　Bonk, Tynes, Griggs and Sparks (2008), pp.8-11.
(11)　Andreasen and Kotler (2003), pp.442-443, 邦訳, 640〜641 ページ。
(12)　非営利組織の市場細分化については，次を参照のこと。*Ibid.*, pp.142-180, 邦訳, 207〜249 ページ。
(13)　寄付者市場のなかに含まれる財団や企業についての分析については，次を参照のこと。*Ibid.*, pp.189-197, 邦訳, 265〜276 ページ。

参考文献

Andreasen, A. R. and P. Kotler (2003), *Strategic Marketing for Nonprofit Organizations*, 6th ed., Prentice Hall.（井関利明監訳・新日本監査法人公会計本部訳『非営利組織のマーケティング戦略〔第 6 版〕』第一法規, 2005 年。）

Anheier, H. K. (2005), *Nonprofit Organizations : Theory, Management, Policy*, Routledge.

Bonk, K., E. Tynes, H. Griggs and P. Sparks (2008), *Strategic Communications for Nonprofits : A Step-by-Step Guide to Working with the Media*, Jossy-Bass/John Wiley & Sons, Inc.

Belk, R.W. (ed.) (1985), *Advances in Nonprofit Marketing*, Volume 1, JAI Press, Inc.

Belk, R.W. (ed.) (1987), *Advances in Nonprofit Marketing*, Volume 2, JAI Press, Inc.

Fine, S.H. (1992), *Marketing The Public Sector : Promoting The Causes of Public and Nonprofit Agencies*, Transaction Publishers.

Kotler, P. and A.R. Andreasen (1987), *Strategic Marketing for Nonprofit Organizations*, 3rd ed., Prentice-Hall, Inc.

Kotler, P., O. C. Ferrell and C. Lamb (1987), *Strategic Marketing for Nonprofit Organizations : Cases and Readings*, 3rd ed., Prentice-Hall, Inc.

Kotler, P. and A.R. Andreasen (1991), *Strategic Marketing for Nonprofit Organizations*, 4th ed., Prentice-Hall, Inc.

Lauffer, A. (1984), *Strategic Marketing for Not-for-Profit Organizations : Program and Resource Develpopment*, The Free Press.

Light, P. C. (2004), *Sustaining Nonprofit Performance : The Case for Capacity Building and the Evidence to Support It*, Brooking Institution Press.

McLeish, B. J. (1995), *Successful Marketing Strategies for Nonprofit Organizations*, John Wiley & Sons, Inc.

Rados, D.L. (1996), *Marketing for Nonprofit Organizations*, 2nd ed., Auburn House.

Salamon, L.M. and S.W. Sokolowski and Associates (2004), *Global Civil Society*, Vol.2, Kumarian Press, Inc.

Sargeant, A. (1999), *Marketing Management for Nonprofit Organizations*, 1st ed., Oxford University Press.

Sargeant, A. (2005), *Marketing Management for Nonprofit Organizations*, 2nd ed., Oxford University Press.

Sargeant, A., J. Shang and Associates (2010), *Fundrasing : Principles and Practice*, Jossey-Bass/John Wiley & Sons, Inc.

Semenik, R. J. and G. J. Bamossy (eds.) (1993), *Advances in Nonprofit Marketing*, Volume, 4, JAI Press Inc.

Smith, Bucklin & Associates (1994), *The Complete Guide to Nonprofit Management*, John Wiley & Sons, Inc.（枝廣淳子訳『みんなのNPO　組織づくり・お金づくり・人づくり』海象社，1999年。）

伊佐　淳（2008），『NPOを考える』創成社。

岩崎保道編著（2014），『非営利法人経営論』大学教育出版。

後　房雄・藤岡喜美子（2016），『稼ぐNPO』カナリアコミュニケーションズ。

梅沢昌太郎（1988），『非営利・公共事業のマーケティング——新たな社会システムへの展望——』白桃書房。

大堀　哲・小林達雄・端　信行・諸岡博熊編（1996），『ミュージアム・マネージメント——博物館運営の方法と実践——』東京堂出版。

川端大二（1997），『行政のサービス・マネジメント——「住民は顧客」の実現に向けて——』日本加除出版。

小菅正夫（2006），『〈旭山動物園〉革命――夢を実現した復活プロジェクト』角川書店。
児玉敏一・佐々木利廣・東　俊之・山口良雄著（2013），『動物園マネジメント――動物園から見えてくる経営学――』学文社。
坂本恒夫・丹野安子編著（2012），『ミッションから見たNPO』文眞堂。
渋川知明（2001），『福祉NPO――地域を支える市民起業――』岩波書店。
島田　恒（2005），『NPOという生き方』PHP研究所。
庄司興吉・名和又介編（2013），『協同組合論――ひと・絆・社会連帯を求めて――』全国大学生活協同組合連合会。
全労済協会監修・中川雄一郎・杉本貴志編（2014），『協同組合　未来への選択』日本経済評論社。
塚原政彦（2004），『増補改訂版　ミュージアム集客・経営戦略　人を呼ぶ知的ふれあい見世物館づくりのノウハウ』コミュニティ・ブックス。
中川雄一郎・JC総研編（2014），『協同組合は「未来の創造者」になれるか』家の光協会。
長浜洋二（2014），『NPOのためのマーケティング講座』学芸出版社。
早瀬　昇・松原　明（2004），『NPOがわかるQ&A』（岩波ブックレットNo.618），岩波書店。
山内直人（1999），『NPO入門』日本経済新聞社。

(付記)

　本書の第1章から第6章は，以下の著者の既発表の論文の一部を素材として利用したか，あるいは大幅な追加，加筆修正，参考文献の追加等を施したうえで利用したことを断っておく。これらの論文の執筆時点はいずれも古いものとなっているので，大幅な追加，加筆修正や参考文献の追加等をしなければ現状に合わないこともあり書き改めたのである。なお，第7章は書き下ろしである。

　高橋秀雄（1996），「電子メディアによる広告の問題について」『中京商学論叢』第43巻第1号，53～67ページ。

　高橋秀雄（1996），「サービス製品の広告の問題について」『中京商学論叢』第43巻第1号，69～84ページ。

　高橋秀雄（1997），「広告戦略としてのポジショニングについて」『中京商学論叢』第43巻第2号，25～41ページ。

　高橋秀雄（1998），「広告の機能・効果の分析の問題について――効果のハイアラーキー・モデルを中心として――」『中京商学論叢』第44巻第1・2合併号，27～44ページ。

　高橋秀雄（2000），「旅行業者の広告の問題について」『中京商学論叢』第46巻第2号，57～78ページ。

〈著者紹介〉

高橋　秀雄（たかはし・ひでお）

（略歴）
　1956年愛知県に生まれる。立命館大学経営学部を卒業した後に，京都大学大学院経済学研究科の修士課程と博士後期課程でマーケティング論を専攻する。1985年に朝日大学経営学部専任講師に着任し，1989年に同大学経営学部助教授となる。1990年に中京大学商学部助教授に着任し，1994年に同大学商学部教授となる。現在は，中京大学総合政策学部教授。

（主要業績）
『サービス業の戦略的マーケティング』中央経済社，1992年。
『顧客主導型企業のための──サービス業の経営とマーケティング』中央経済社，1994年。
『マーケティング・チャネル管理論』税務経理協会，1995年。
『流通システムの管理──商流と物流のトータル・マネジメント』中央経済社，1996年。
『電子商取引の動向と展望』税務経理協会，2001年。
『マーケティング・チャネル研究のフロンティア』同文舘出版，2006年。
『サービス・マーケティング戦略』中央経済社，2009年。
『eコマースビジネス──その展開と動向──』中央経済社，2012年。
上記はいずれも単著であるが，その他に共著・論文等が多数あり。

インターネット時代の
広告の機能・効果と展開

2017年3月10日　第1版第1刷発行

著　者　高　橋　秀　雄
発行者　山　本　　　継
発行所　㈱中央経済社
発売元　㈱中央経済グループ
　　　　パブリッシング

〒101-0051　東京都千代田区神田神保町1-31-2
電話　03（3293）3371（編集代表）
　　　03（3293）3381（営業代表）
http://www.chuokeizai.co.jp/
印刷／文唱堂印刷㈱
製本／誠　製　本　㈱

©2017
Printed in Japan

＊頁の「欠落」や「順序違い」などがありましたらお取り替えいたしますので発売元までご送付ください。（送料小社負担）
ISBN978-4-502-22171-2 C3034

JCOPY〈出版者著作権管理機構委託出版物〉本書を無断で複写複製（コピー）することは，著作権法上の例外を除き，禁じられています。本書をコピーされる場合は事前に出版者著作権管理機構（JCOPY）の許諾を受けてください。
JCOPY〈http://www.jcopy.or.jp　eメール：info@jcopy.or.jp　電話：03-3513-6969〉

ベーシック＋ プラス
Basic Plus

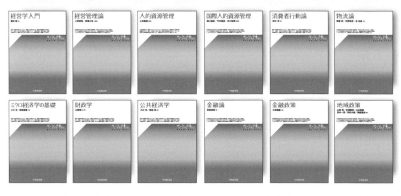

経営学入門	人的資源管理	経済学入門	金融論	法学入門
経営戦略論	組織行動論	ミクロ経済学	国際金融論	憲法
経営組織論	ファイナンス	マクロ経済学	労働経済学	民法
経営管理論	マーケティング	財政学	計量経済学	会社法
企業統治論	流通論	公共経済学	統計学	他

いま新しい時代を切り開く基礎力と応用力を
兼ね備えた人材が求められています。
このシリーズは，各学問分野の基本的な知識や
標準的な考え方を学ぶことにプラスして，
一人ひとりが主体的に思考し，行動できるような
「学び」をサポートしています。

中央経済社